Rudolf Reiser

KLENZES
GEHEIME TAGEBÜCHER

1998
Buchendorfer Verlag

Umschlag vorne: Leo Klenze und die russische
Großfürstin Marie Auguste (von Klenze und
seinem Büro so dargestellt im Kaisersaal des
Schlosses Ismaning).
Rückseite des Umschlags: König Ludwig I.,
flankiert von seinen beiden Mätressen
Marianna Florenzi (links) und Carolina Licius
und (oben) dem Königsbau der Residenz.

Die Deutsche Bibliothek – CIP-Einheitsaufnahme

Reiser, Rudolf:
Klenzes geheime Tagebücher / Rudolf Reiser. – München :
Buchendorfer Verl., 1998
   ISBN 3-927984-89-2

® Buchendorfer Verlag, München 1998
Alle Rechte vorbehalten

Satz + Repro: Design-Typo-Print, Ismaning
Papier: holzfreies, säurefreies Bilderdruck, Scheufelen
Druck + Bindung: Huber, Dießen
Printed in Germany

ISBN 3-927984-89-2

Inhalt

Allerlei Pikantes und Amüsantes

Spannend und farbig geschrieben, voll von überraschenden Momenten und total unbekannten Ereignissen sind die Memoiren des großen Architekten Leo Klenze (1784–1864), die in der Staatsbibliothek aufbewahrt und seit Jahren vom Leiter der Neuen Sammlung, Florian Hufnagl, für den Druck bearbeitet werden. Auf seinen oft sehr schwer entzifferbaren Zetteln schildert Klenze, der das Stadtbild prägte wie keiner vor und nach ihm, seine Erlebnisse am Hof der ersten drei Bayernkönige und auf seinen Reisen, die ihn bis Paris, Palermo und Petersburg führen. Wir lesen in seinem äußerst lehr- und umfangreichen Werk ausführliche Berichte über Kunst und Klatsch, Liebschaften und Intrigen. Allerlei Pikantes und Amüsantes über Kaiserliche Hoheiten, Schönheitsköniginnen und Dichterfürsten würzen diese abwechslungsreiche Lesekost so kräftig und deftig, daß der Wissensdurst bei der Lektüre immer größer wird.

Klenze weiß um die Brisanz seiner Aufzeichnungen und schreibt in seinem Vorwort: »Diese Memorabilien dürfen nur von meinen Erben gelesen werden, welche das Lebensalter von 30 Jahren zurückgelegt haben. Es darf in keinem Falle öffentlicher Gebrauch davon gemacht werden, solange ich, meine Kinder, der König Ludwig und irgendeines seiner Kinder noch am Leben sind.«

Dieses Büchlein enthält die Schmankerl des grandiosen Werkes Klenzes und sehr viele, bis dato unbekannte Bilder. Der Gesamtumfang der »Memorabilien« ist erheblich größer. Wenn Florian Hufnagl eines Tages das ganze Werk vorlegen kann, wird er dem Leser eine gigantische und gnadenlose Schilderung des bayerischen Königshofes mit all seinen Machenschaften, Manieren und Mätressen präsentieren. Die Biographien Ludwigs I. werden dann schlagartig im gleißenden Licht dieses geheimen Reports erblassen.

Ismaning im September 1998   Rudolf Reiser

In der bayerischen Königsresidenz herrschen lockere Sitten

Bericht von der »laxen Moral« der Wittelsbacher und von der abgrundtiefen Abneigung des Kronprinzen Ludwig gegen die Münchner und ihre Stadt

Als Klenze Anfang 1814 nach München kommt, ist er knapp 30 Jahre alt und seit kurzem mit der Turinerin Felicitas Blangini (20) verheiratet. Er begegnet bald dem Kronprinzen Ludwig (28). »Also doch ein Teutscher«, ruft ihm dieser »meiner blonden Haare einen Büschel ergreifend« zu. Bald darauf lädt ihn König Max I. Joseph ein, um angebotene Bilder auf ihre Qualität hin zu beurteilen. Klenze sieht das erstemal die verschwenderische Pracht in der Residenz und begegnet dort auch gleich dem russischen und österreichischen Kaiser. Und er wundert sich, daß ihn der Hausherr »mit den schmeichelhaftesten Epitheten eines der größten lebenden Architekten, eines großen Kunstkenners usw. vorstellt«. Der Bürgerssohn aus Schladen bei Goslar ist natürlich gerührt, noch mehr aber über das prompte Angebot, Hofarchitekt zu werden. Ludwig erklärt ihm gegenüber die Absicht, »in Bayern eine höhere Tendenz der Kunst hervorzurufen«. Doch bald kommen die ersten Schwierigkeiten mit dem Kronprinzen. Und Klenze ahnt, »daß es mir an Hindernißen und Verdrießlichkeiten in Bayern nicht fehlen würde«.

München ist damals eine mittelalterliche Stadt mit vielen Bürger- und Brauhäusern, Werk- und Gaststätten und der großen Bauernschranne auf dem Hauptplatz. Der in Straßburg geborene Ludwig residiert in dem prächtigen, von Karl Fischer erbauten Kronprinzenpalais (1951 abgerissen) am Karolinenplatz, fühlt sich aber in der Stadt überhaupt nicht wohl. So verrät er Klenze einmal, »dereinst die Residenz von München hinweg zu nehmen, weil diese Stadt kein historischer Ort sei«. Eines Tages zeigt der Wittelsbacher dem Künstler ein Gedicht:

»Soll ich sagen, was mir am meisten
zuwider auf Erden?
Münchens Lage und Bau,
Münchner Gesellschaft und Luft.«

Und er fährt fort: »So wie Perikles einst die Stadt des Kekrops verschönerte,/Freund, so glaubst du von mir, würd' ich in Mün-

König Max I. Joseph erkennt als erster Klenzes Begabung und beruft ihn nach München. Er begründet so dessen Weltkarriere.

chen einst thun?« Die Antwort wird von Ludwig mit dem Hinweis verneint: »Du hast nicht bedacht, daß mit Athenern er lebte«, also nicht mit den ungeliebten Münchnern.

In seiner arg- und zügellosen Phantasie spricht Ludwig eines Tages davon, »bei seinem Regierungsantritte die Residenz von München nach Bamberg zu verlegen«. Einmal beauftragt er Klenze sogar, »ihm einen Plan zu schicken, wie in diesem Falle die Stadt gestaltet werden könne, um denselben bei seiner Durchreise in Bamberg an Ort und Stelle mit den Örtlichkeiten zu vergleichen«.

Doch das sind nur realitätsferne Huldigungen des Kronprinzen an die Romantik. Noch regiert der populäre Vater. Er feiert 1816 seinen 60. Geburtstag und wähnt sich in der Blüte seines Lebens. Man sagt, er sieht wie eh und je lieber in Mädchenaugen als in Ministerialakten. Und so herrschen in der Residenz nicht nur die Wittelsbacher, sondern auch sehr lockere Sitten. Bei Tisch und Tanz wird geflirtet und gegrapscht. Eine Dame klagt einmal, so berichtet Klenze, daß ihr immer ein männliches Wesen in eindeutiger Absicht die Hand unter das Gesäß hält, wenn sie sich setzen will.

So hat denn auch bei Ludwig, erzählt Klenze weiter, »dem Laufe der Dinge gemäß das Beispiel des Vaters in Sachen des VI. Gebotes zur Nachahmung angetrieben und geführt«. Es sei doch logisch, »wenn ein Sohn, welcher des guten Königs Max Beispiel von Jugend auf vor sich sah und seine laxe Moral täglich hörte, patris ad exemplum handelte«.

Dann schreibt Klenze von einem Erlebnis mit dem Monarchen und seinem zweitältesten Sohn Carl. »War ich doch einst Zeuge bei einem Jagddiner im Gebirge bei Berchtesgaden, daß der König Max ganz laut und dringend seinen Sohn, den Prinzen Carl, aufforderte, ein schönes Alpenmädchen, welches ein ländliches Geschenk zu überreichen kam, ohne weiteres in das nahe Gebüsch zu führen, und als dieser sich weigerte, ganz ver-

Leo Klenze korrigiert das Bild, das uns die Geschichtsbücher über die ersten drei bayerischen Könige vermitteln, erheblich. Seine Memoiren gehören zu den umfangreichsten und besten, die jemals in Bayern geschrieben wurden.

Prinz Carl, der zweitgeborene Sohn des Königs Max, wird zum Playboy erzogen, schreibt Klenze, und hilft später seinem Bruder Ludwig aus so mancher Krise.

wundert sagte: Wie, findest du sie nicht schön genug, um deiner Erregung würdig zu sein?« Klenze stellt daraufhin die Frage: »Wird man es bei dem Kronprinzen wohl beßer gemacht haben?«

Dieser Prinz Carl wird Soldat und ein großer Frauenheld. Und trotz seines Lebens zwischen Armeen und Amouren lieben ihn die Münchner weit mehr als seinen älteren Bruder Ludwig. Im Sommer 1814 lernt nun der Architekt eine der Mätressen Carls kennen. Sie heißt Marie und ist eine »Schauspielerin von sehr lockerem Rufe«, die offen von den Liebesabenteuern im »Veneraeum« redet. Klenze: »Die dort dargebrachten Opfer hatten endlich Folge gehabt.« Marie schenkt einem Mädchen das Leben, das sie (nach dem Vater) Caroline tauft. Es soll 19 Jahre später mit seinem lustigen und listigen Auftreten auch ihrem Onkel Ludwig den Kopf verdrehen, wie Klenze erzählt.

Leider teilt der Memoirenschreiber nicht mit, wie die hübsche Königin Karoline, die um 20 Jahre jünger als Max ist, auf die Ausschweifungen ihres Mannes und ihrer Stiefsöhne Ludwig und Carl reagiert. Wir erfahren von Klenze nur, daß sie und der Kronprinz zunächst »in Hader und Zwietracht« leben. Später ändert sich das gewaltig. So wird Karoline »durch hohe Tugend, Güte und Klugheit nach und nach wieder das wahre Haupt der ganzen königlichen Familie und die Vermittlerin und Versöhnerin bei den zahlreichen Reibungen«. Sie erlebt auch noch die meisten Bauwerke ihres Stiefsohnes Ludwig, der mit Klenze dann doch das neue München konzipiert.

Jedes Haus wird nach einem Frauenzimmer benannt

Der Architekt freut sich über die Neugestaltung Münchens, plant als erstes die Glyptothek, ärgert sich aber ansonsten über die vielen Widersprüche Ludwigs

Auch wenn Kronprinz Ludwig immer wieder erzählt, daß er einmal als König nicht in München residieren wolle, so sieht er doch den Zwang der Realität. Kaum ist Klenze nach München gezogen, spricht der Wittelsbacher bereits davon, die Stadt mit der Glyptothek und Walhalla zu verschönern. Doch der Architekt merkt schnell, daß er nicht immer auf Ludwig bauen kann. Da auch Karl Fischer mit Plänen beauftragt wird, kommt es zum ersten Ärger.

Und es folgt die zweite Unstimmigkeit. Nach den Napoleonischen Kriegen haben sich in München der ehemalige italienische Vizekönig Eugen Beauharnais, der Stiefsohn Napoleons, und seine Frau Auguste Amalie (Schwester Ludwigs) niedergelassen. Der Franzose, der markanteste und galanteste Lebemann Münchens, dazu überreichlich mit Geldern und Gütern ausgestattet, beauftragt nun Klenze mit einer Stadtresidenz. Der Architekt sagt zu und entwirft das erste Neurenaissance-Gebäude auf deutschem Boden. Klenze: »Dem Kronprinzen habe ich dieses Alles mitgetheilt, und es schien ihm sehr angenehm zu sein.« Da wird er plötzlich zu Ludwig gerufen, der kategorisch erklärt: »Klenze, ich will und will und will nicht, daß sich mein Schwager, der Franzose, hier niederläßt und anbauet, und ich sage Ihnen dieses hiemit; und wenn es doch geschieht, so haben Sie es mit mir auf ewig verschüttet.«

Da der Architekt die Grundrisse des Charakters Ludwigs gut kennt, setzt er

Eugen Beauharnais, Stiefsohn Napoleons, läßt sich in München nieder. Für Eugen baut Klenze den ersten Neurenaissance-Palast Deutschlands (heute Finanzministerium am Odeonsplatz).

13

auf Zeit und wundert sich lange vor dem Verstreichen der angesprochenen Ewigkeit über einen Brief, »worin mich der Kronprinz wieder lebhaft aufforderte, den Neubau des Prinzen Eugen zu betreiben«. Trotz dieses Meinungsumschwungs demütigt Ludwig jedoch weiter Schwager und Schwester. Deshalb bittet Eugen den Architekten, so zu planen, daß man notfalls das Gebäude in ein Hotel umfunktionieren könne. »Die feindseligen Gesinnungen des Kronprinzen gegen ihn«, so erzählt Eugen, »versprächen weder ihm, aber noch weniger seinen Kindern eine angenehme Zukunft in Bayern.« Bittere Tränen vergießt in dieser Zeit Auguste Amalie, der ganz allein das Haus Wittelsbach wegen ihrer Heirat mit Eugen (1806) die Königswürde von Napoleons Gnaden zu verdanken hat. Davon will Ludwig aber jetzt nichts mehr wissen.

Auch Klenze ist deprimiert. »Fürstenzank und Laune«, so schreibt er, »raubte hier wieder, wie gewöhnlich, der Kunst ein Werk, welches sie so verherrlicht hätte.« Endlich am 5. Mai 1816 genehmigt Ludwig den Plan. »Aber ewige Zänkereien hinderten noch immer den Beginn des Baues«, berichtet Klenze. Als endlich auch sie überwunden sind, atmet Klenze auf. Er ist der Architekt des ersten Hauses der heute weltberühmten Avenue nach Schwabing, des Leuchtenberg-Palais (heute Finanzministerium).

Gebaut wird auch schon an der Glyptothek, zu der auch ein Entwurf Fischers vorlag. Doch Ludwig lehnte diesen ab. Mit Recht, wie ein Vergleich beider Pläne zeigt! Daß er dann aber fies und mies wird, stört auch Klenze, zu dem der Wittelsbacher sagt: »Das muß doch den Fischer recht ärgern, wenn er Sie vor seinen Augen täglich die Glyptothek bauen sieht!« Der so Angesprochene glaubt, nicht recht zu hören. Fischer ist nämlich »krank und fast sterbend«.

Freilich, auch Klenze wird mit dem Bau am Königsplatz nicht froh. Ludwig ändert nämlich ständig seine Meinung. Einmal ordnet er dies an, dann wieder das Gegenteil. Klenze: »Ich fange an zu bemerken, daß es schwer ist, einem Fürsten zu dienen, welcher nur eine vague Idee von Perfektibilität der Wirkung und des äußeren Anblicks als Richtschnur hat, statt sich durch feste Grundsätze über Kunst oder festes Vertrauen in einen Künstler leiten zu laßen.«

Dann wird dem Architekten wegen der Walhalla himmelangst. Er soll zunächst in München einen Platz dafür suchen. Klenze: »Ich nannte ihm die Höhe der Theresien-Wiese, oder das Ende des Dorfes Bogenhausen.« Ludwig begeistert sich für den Um-

Auguste Amalie heiratet Beauharnais und erwirbt so für den Vater (und Bruder Ludwig) den Königstitel. Nach dem Napoleonischen Krieg will Ludwig sie nicht mehr in München sehen. Rechts von der Wittelsbacherin der Graf Arco.

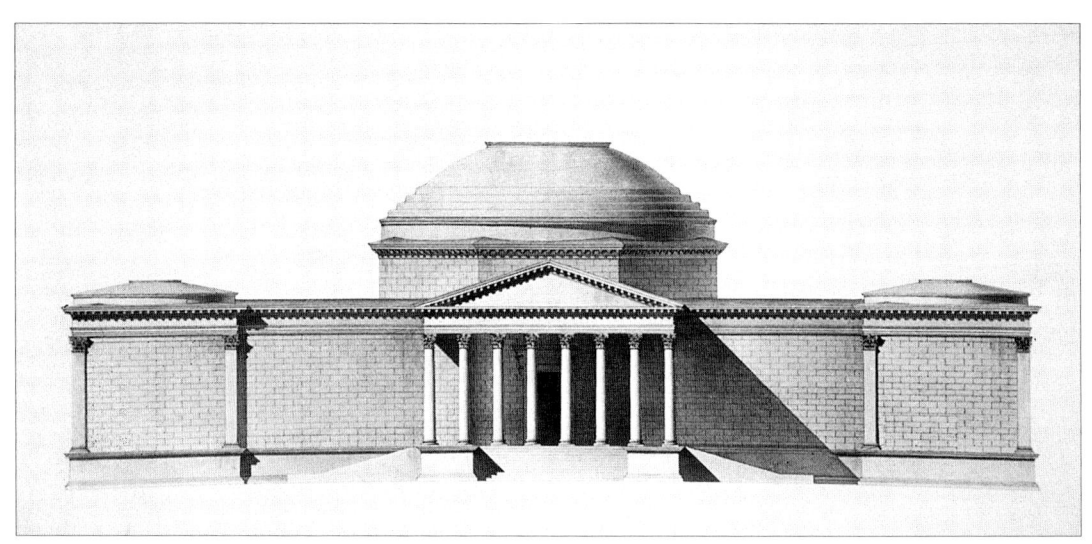

Der Entwurf von Karl Fischer (oben) und die real existierende Glyptothek von Leo Klenze. Der Vergleich zeigt, daß Klenze mit Recht den Auftrag für die Planung erhält und damit die Gunst der Wittelsbacher erringt.

kreis von Bogenhausen. Sofort muß Klenze »Preißberechnungen« anstellen. Dann hört der Architekt nur, er soll sich mit der Glyptothek beeilen. Eine Wandlung nach der anderen macht auch der Plan einer »Apostelkirche« durch. Sie sollte ursprünglich »einem antiken Tempel so ähnlich als möglich werden«. Jetzt heißt es: »Dieses dürfe dem verschiedenartigen Geiste des Christentums wegen nicht seyn.«

Und noch einen Auftrag bekommt Klenze. Die Erweiterung der Residenz des Vaters am Max-Joseph-Platz! Darin soll »ein Saal mit dem Lied der Nibelungen« entstehen, mit dessen Ausmalung bereits Cornelius beauftragt wurde. Auch vom Obelisken auf dem Karolinenplatz ist schon die Rede. Klenzes Entwurf wird »mit vielem Beifalle auf- und angenommen«. Aber, so schränkt er ein, »es zeigte sich bald, daß die nöthigen Geldmittel fehlten«. Schließlich plant Ludwig schon die Pinakothek.

Mitten im Ent- und Verwerfen von Plänen merkt Klenze plötzlich, daß jedes Projekt einen weiblichen Vornamen erhält. Das Rätsel löst sich schnell auf. Mit jedem Bau, so berichtet er, wird eine Frau verherrlicht, die dem Wittelsbacher gewährte, was er begehrte. Wenn er seinen Kronprinzenbau am Karolinenplatz betritt, denkt er mit Vergnügen an die Schauspielerin Regina, die ihm vor seiner Eheschließung so manches liebe Gastspiel gab. Nach der Hochzeit mit Therese (1810) lebte Ludwig mit der italienischen Opernsängerin Adelaide im Gleichklang. Wenn er sich mit der Glyptothek beschäftigt, erinnert er sich ihrer. Als er sie verläßt, öffnet ihm wieder eine hübsche Italienerin ihr Herz. Angelina.

Schon in der Kronprinzenzeit Ludwigs I. geplant: der Obelisk auf dem Karolinenplatz.

Ludwigs Flegeleien und Frühlings-
gefühle in Rom

In betrunkenem Zustand beleidigt der Kronprinz die
Franzosen und stellt mit seinem besten Freund, dem
Grafen Seinsheim, den hübschen Italienerinnen nach

Der Fasching 1818 ist längst vorüber, da machen im römischen Frühling vier Männer »in Kosakenröcken mit bloßem Hal-
se« auf sich aufmerksam. Es sind dies der bayerische Kronprinz
Ludwig, sein bester Freund Seinsheim, Galerie-Inspektor Dillis
und Leibarzt Ringseis. Als Klenze im März zu dieser Truppe
stößt, erschrickt er so sehr, daß er seinem Unbehagen in seinen
Erinnerungen seitenweise freien Lauf läßt. Vor allem stört ihn,
daß sich der Wittelsbacher wie ein Tölpel benimmt und sich vom
Schwachsinn des Doktors anstecken läßt.

Unter anderem versucht der Arzt fieberhaft, dem deutschen
Mittelalter den Vorrang vor der Antike zu geben. So glaubt eines
Tages Ludwig selbst, »daß der Tempel Salomons ein rein gothi-
scher Bau mit Spitzbögen gewesen sey, und daß es mithin be-
wiesen erscheine, daß die gothische Architektur als von Gott
selbst dem Erbauer dictirt, die einzige wahre, rechte und schöne
sey.« Schnell ist Ludwig auch von Ringseis überzeugt worden,
daß die »Kosakenröcke« der altdeutschen Tracht entsprechen.

Dies alles sieht Klenze aber noch nicht als das schlimmste an.
»Die romantische Bande« sei oft betrunken und lasse sich zu
Äußerungen hinreißen, deren man sich schämen müsse. In der
Spanischen Weinschänke des Rafaeli di Anglada, der hervorra-
gende Getränke kredenzt, tischt Ludwig wahre Märchen auf.
Die Bourbonen, so schreit er die französischen Gäste an, seien
genauso schlimm wie Napoleon. Dann bricht er, »nachdem der
Wein schon begann zu wirken, ein lautes Pereat allen Franzosen«
aus (lateinisch pereat = er möge zugrunde gehen). Klenze erzählt, »die Franzosen entfernten sich ruhig, da sie den Kronprinzen kannten«. Beleidigt wird aber auch der preußische König
Friedrich Wilhelm III., der 1810 seine liebenswerte Frau Luise
verlor. Zu seinem Gesandten in Rom sagt Ludwig so laut, daß es
viele hören: »Ihr König ist ein lederner Geselle«. Der norddeut-
sche Klenze ist entsetzt.

In Ehren steht dafür bei Ludwig ein getaufter Jude »mit fuch-
sigen Haaren, Nahmens Wolf«. Dieser von Ringseis gepriesene

Mann spielt sich nach Darstellung Klenzes als eifernder und geifernder Missionar auf, erlebt aber schließlich sein blaues Wunder, als ihn die Polizei als Betrüger entlarvt. »Mit solchen Subjekten umgibt man einen Fürsten«, stöhnt Klenze.

Trotz dieses Vorfalles vertraut Ludwig weiter auf Ringseis, der ihm eines Tages einen ganz schwachsinnigen Plan unterbreitet. Der »Medikaster«, wie ihn Klenze verächtlich nennt, schlägt nämlich vor, alle Protestanten in Rom zum katholischen Glauben zu bekehren. Zu Ringseis, der dafür viel Geld verlangt, sagt Ludwig: »Sie wißen, daß ich viele Ausgaben und keinen Heller unnütz wegzuwerfen habe, aber für diesen Zweck gebe ich gerne, was Sie verlangen.«

Wie geist- und aussichtslos aber dieses Missionsunternehmen ist, zeigt die umfangreiche Gästeliste Roms 1818. Der prominenteste Fremde ist zweifellos der große Bildhauer Thorwaldsen aus Kopenhagen. Ludwig hofiert ihn und will ihn für München gewinnen. Tatsächlich nimmt der Däne auch einen Auftrag an – ein Fries, »welches das Leben des Erlösers darstellen sollte«. Ringseis und Co aber protestieren dagegen, »daß eine Bestellung christlicher Gegenstände an Thorwaldsen gegeben ward.« Doch der Wittelsbacher ist diesbezüglich nicht zu beeinflußen. Er schätzt zeitlebens die Kunst und Gunst Thorwaldsens.

Am wichtigsten ist Ludwig aber, so erzählt Klenze, die Gunst schöner Frauen. Und er erkürt sich einen Kompagnon auf dem Weg zum Venusberg: Graf Karl Seinsheim (34). Der Architekt schreibt über ihn: »Ein guter, ehrlicher, aber verarmter Adeliger von großer Familie, nicht ohne Kenntniße, aber großer Widersa-

Die romantische Bande bezeichnet Leo Klenze den Leibarzt Dr. Ringseis, Graf Seinsheim und den bayerischen Kronprinzen Ludwig (von links). Seinsheim spornt in Rom seinen Herrn ständig zu Liebesabenteuern an, Ringseis überzeugt ihn, daß der Liebe Gott persönlich den gotischen Baustil erfunden hat.

cher aller Neuerungen und Bewunderer der Zeiten, wo der Adel noch alles war: mächtig, gewaltsam, reich und willkührlich«.

Seinsheim, seit 1815 verwitwet, rät dem Wittelsbacher immer wieder, den Hafen der Ehe zu verlassen und in lockendere Gewässer zu stechen. Klenze bezeichnet den Grafen als einen Lebemann, »welcher auch dem Katholizismus sehr zugethan war, weil sich darin besonders die Peccadillen in puncto Sexto leicht abthun lassen«. Das sind für Klenze schwere Sünden in schwachen Stunden, die aber in der katholischen Kirche mit der Beichte vergeben und vergessen sind. So huldigt denn der Graf ständig den liebenswerten Römerinnen. In einem Gedicht spielt Ludwig auf das Wappentier Seinsheims an, das ein Schwein ist, und schildert des »Grafen Leben mit Huren«. Klenzes Kommentar: »Kein feiner Fürstenscherz!«

Natürlich fallen dem Architekten auch die »Peccadillen« Ludwigs auf. »Schon gleich im Anfange meines Aufenthalts in Rom«, so schreibt er 1818, »hatte ich erfahren und auch leicht gemerkt, daß eine Herzensangelegenheit den Kronprinzen beschäftigte«. Immer wieder sagt er zu seinem Architekten das Goethe-Wort: »Doch ohne die Liebe wäre die Welt nicht die Welt, wäre dann Rom auch nicht Rom.« Bald erfährt Klenze mehr. Die Geliebte des künftigen Bayernherrschers ist »eine hübsche runde Römerin mit frechen Augen« und heißt Angelina. Klenze fährt fort: »Sie war eine Priesterin der Venus pandemos gewesen«. Von Ludwig »ward sie viel besucht und besungen, aber nie sprach der Kronprinz ein Wort darüber«. Dafür redet er umsomehr von der Rückgewinnung der alten Kurpfalz.

Zur Ernennung Klenzes (1) zum Hofarchitekten gratulieren seine Kollegen Jean Baptist Metivier (2) und Friedrich Gärtner (4) und der große Wasserbau-Ingenieur Carl Wiebeking (3). Karikatur aus dem Jahr 1818.

Der Kronprinz verirrt sich in das Reich der Luftschlösser

Ludwig bemüht sich um die Eingliederung Heidelbergs und Mannheims ins Königreich Bayern und um die Dienste des dänischen Bildhauers Thorwaldsen

Ein Turm von Schwierigkeiten baut sich 1818 vor dem Architekten Klenze nach der Rückkehr aus Italien auf. Kronprinz Ludwig hat wieder einmal seine Pläne für die Glyptothek geändert. Der Memoirenschreiber ist sauer und setzt sich schnell ab. »Ich reißte im September nach Speyer«, so erzählt er, »um dort die von mir vorgeschlagene Wiederherstellung des alten Doms ins Werk zu stellen.« Diesen Mammutbau der Romanik hat Napoleon einst zum Abbruch bestimmt. An Ort und Stelle gibt nun der dem Klassizismus verfallene Architekt ein überraschendes Urteil ab. »Ich glaube behaupten zu können, daß dieser Dom, als klarer und in allen Theilen deutlicher Beleg des Überganges römischer und byzantinischer Kunstform und Praktik im deutschen Lande, einem jeden mir bekannten Monument dieser Art vorzuziehen ist.« Klenze löst damit die Initialzündung zur endgültigen Rettung dieser Kathedrale aus.

Speyer ist damals die Hauptstadt des achten bayerischen Regierungsbezirks Pfalz. Ludwig weilt gerne dort und jedesmal wird ihm weh ums Herz, wenn er auf der Rückreise feststellen muß, daß die alte Kurpfalz nicht mehr zu Bayern gehört. Klenze: »Oft hatte mir der Kronprinz über seinen Lieblingswunsch, den altbairischen Theil der Pfalz dießseits des Rheins einst wieder zu erhalten, gesprochen.« Wenn er einmal König von Bayern wird und ihm die Gebietserweiterung gelingt, dann wolle er »in Heidelberg auf dem Schloßberge, und zwar auf der Terraße östlich gegen den Neckar, eine Villa im italienischen Style durch mich erbauen laßen«. Der Architekt erhält auch den Auftrag, »die Dimensionen dieser Terraße zu vermeßen, um jederzeit zum Entwurf-machen bereit zu seyn«.

Und Ludwig spinnt seine abenteuerlichen Vorstellungen weiter. Am 12. April 1819 erhält Klenze von dem Wittelsbacher sogar schriftlich die Anweisung, dem Hofbibliothekar Scheerer folgendes (in einem chaotischen Deutsch abgefaßt) mitzuteilen: »Wenn er es darf, ohne Jemand etwas davon zu sagen, er die Doubletten der Hofbibliothek doch nicht verkaufen möge, damit

Der Dom in Speyer, die größte romanische Kathedrale der Christenheit, verdankt seine endgültige Rettung dem bayerischen Hofarchitekten Klenze, der in einem Gutachten gegen den geplanten Abbruch plädiert.

dermaleinst wiederum eine Bibliothek in Mannheim zu errichten, der Ich, wenn Ich das Leben erhalte, wohl Mannheim wieder erhalte.« Klenze staunt über soviel Luftschlösser des Kronprinzen und meint lakonisch: »Wir wollen sehen!«

Vorerst aber soll der Dom von Speyer strahlen. Ludwig und sein Architekt planen eine umfassende Ausmalung im Innern und eine Erweiterung außen. Klenze wird aufgefordert, ein Denkmal des in Speyer bestatteten Königs Adolf von Nassau (+1298) zu entwerfen. »Vielfach war das Lob«, berichtet der Künstler, »es ward dabei ausgesprochen, wieviel Vergnügungen es dem Kronprinzen machen würde, wenn der Kaiser von Oestreich nach meiner Zeichnung auch Rudolph von Habsburg dort ein Denkmal setzen ließe.« Doch auch das sind Luftschlösser. In Speyer soll Ludwig so ziemlich alles mißlingen. Der westliche Vorbau paßt in keiner Weise zum Altbau, die Ausmalung innen wird großteils wieder abgeschlagen.

Bertel Thorwaldsen, der berühmte Bildhauer, wird von Ludwig heiß umworben, gibt dem Wittelsbacher aber letztlich einen Korb.

Zurück zum Jahr 1819! Ein anderer Mißerfolg Ludwigs bahnt sich an. Er will den großen dänischen Bildhauer Thorwaldsen, der in Rom wie ein König residiert, in München engagieren. Dieser nahm bereits einen Auftrag für die geplante »Apostelkirche« gegenüber der Glyptothek an. Doch er merkte auch, wie wenig seine Reliefs vom Gefolge des Kronprinzen geschätzt werden. Jetzt 1819 muß Klenze mit Thorwaldsen verhandeln. Es geht um eine Plastik, die für die Glyptothek erworben wurde. Der Däne soll »den berühmten Sohn der Niobe restaurieren, was aber dadurch, daß Thorwaldsen später gar nicht nach München kam, vereitelt wurde«. Ebenso will Ludwig die »Gruppe der 3 Grazien« für München gewinnen. »Ich konnte es aber nicht erlangen«, stellt Klenze resigniert fest.

Mehr Erfolg hat da Ludwigs Hofmarschall Gumppenberg. Er bekommt von seinem Herrn den Auftrag, in Rom ein Gutachten einer katholischen Instanz mit dem Inhalt aufzutreiben, daß für

Anton von Gumppenberg gelingt eine einmalige Leistung. Er erhält in Rom ein Attest, wonach das 6. Gebot für den bayerischen Kronprinzen nicht gilt.

ihn, den künftigen König Bayerns, das sechste Gebot nicht gilt. Mit einer entwaffnenden Ehrlichkeit entgegnet ihm der Hofmarschall daraufhin, daß schon »die tausendfachen Präliminarien und Zwischenakte vor der allerletzten Handlung ehelicher Vertraulichkeit außerhalb dieser Gränzen ehelicher Treue lägen«. Ludwig fliegt aus allen Wolken und will sich von einer Mauer in den Tod stürzen.

Gumppenberg kann diesen Selbstmord »nur mit Mühe« verhindern und beschwichtigt, er kenne »die Theorien der Katholischen Kirche über Sünde und Nichtsünde nicht genug«. Dann macht er sich auf die Suche nach einem Geistlichen, der dem Kronprinzen ein entsprechendes Gutachten ausstellt. Tatsächlich findet er einen Jesuiten, der hoch und heilig verkündet und verspricht, »die eheliche Treue sei blos eine Sache des Fleisches«. Dann die wichtigste Auskunft des Jesuiten an Gumppenberg: »Er würde für den concreten Fall nicht allein ohne Anstand die Absolution ertheilen, ohne so genau in die Einzelheiten des Geschehenen oder Nichtgeschehenen einzugehen, sondern halte im Allgemeinen eine Indulgenz (= Nachsicht) in dieser Beziehung für schwache Menschen und Weltkinder nöthig.« Der überglückliche Ludwig spielt daraufhin nicht mehr mit seinem Leben, sondern mit seiner Liebsten (Marianna).

Ludwig erklärt den Ehebruch zur »Bedingung des Lebens«

Mit seinem willfährigen Faschings-Gspusi Marianna, der er die Alte Pinakothek widmet, wähnt sich Bayerns Thronfolger in der Ewigen Stadt bereits im Himmel

Mitten in Rom begegnen sich im Fasching 1821 auf offener Straße Kronprinz Ludwig aus München und die bezaubernde Marchesa Marianna Florenzi (18), eine gebürtige Ravennatin. Der 35jährige Bayer versteckt seine Gefühle nicht hinter einer Maske und erklärt seinem Schwarm frank und frei seine Liebe. Überall erzählt er, Roma müsse man rückwärts lesen (Amor), um diese Stadt überhaupt verstehen zu können. Tatsächlich gibt die Herzenskönigin des Kronprinzen schnell auf und nach. Genau neun Monate später gebiert sie einen Knaben, den man auf den Namen Ludovico tauft und um den sich Ludwig ein Leben lang kümmert.

Von dieser Romanze in Roma weiß Klenze nichts, als er mit dem Wittelsbacher im Frühling 1823 nach Perugia kutschiert. Doch dann fällt es ihm wie Schuppen von den Augen. So ein verliebtes Paar hat er noch nicht erlebt. Er spricht von der »unnennbaren Gewalt der Liebe«. Dann die Feststellung: »Augenscheinlich wuchs aber diese Liebe täglich bis zu einem wahrhaft erschreckenden Grade und absorbirte für den Augenblick jedes andere Gefühl, jeden Pulsschlag und Athemzug.« Er selbst hat nie eine hübschere Frau gesehen. »Ich gestehe«, so schreibt er, »daß ich vor dieser wahrhaft himmlischen Schönheit ganz ergriffen stehen blieb.«

Aus Gründen, die der Memoirenschreiber nicht nennt, verläßt Ludwig aber seinen Engel bald wieder. In der Kutsche, die nach Rom rollt, klagt und jammert er, und der arme Klenze hat »die erste volle glühende Ladung der Schmerzensgeschoße, von Liebesgluth und Seufzern getrieben, auszuhalten«. Alles, was die großen »Liebeshelden je über ihre Gefühle gedacht und gedichtet haben, ist frostig und trocken gegen das, was ich nun hören mußte«. Kurzum, ein »unversiegbarer Strome erotischer Hyperbeln« dringt auf ihn ein.

Doch man hat den siebten Himmel nur kurz verlassen, denn bald darauf eilt die Geliebte in die Ewigen Stadt und in seine Arme. Endlich nach viel zu langer und banger Zeit des Wartens

Marianna
Florenzi ist in den
zwanziger Jahren
Ludwigs bekann-
teste Mätresse.
Er läßt sie wieder-
holt im roten Kleid
der Liebe malen.

Therese wird von ihrem Ehemann Ludwig gedemütigt wie keine andere deutsche Königin des 19. Jahrhunderts.

darf der Wittelsbacher wieder Mariannas Körper spüren und berühren. Er erreicht den »höchsten Grade des Entzückens«, stellt Klenze fast neidisch fest. »Es ist allerdings nicht zu leugnen, daß ein solches Leben in Rom für Jemand, der mit Gefühl, Bildung und offenem Sinn für Schönheit der Natur und Kunst begabt ist, wol das Höchste genannt werden kann, was irdische Genüße darbieten können«.

Im Überschwang seiner Gefühle sagt Ludwig zu Klenze: »Von zwei Sachen würde er nie im Leben laßen, er möge dereinst König sein und als solcher 80 Jahre alt werden. Er würde immer von Zeit zu Zeit nach Rom reisen und nie ohne eine Geliebte sein, welche ihm eine Bedingung des Lebens wäre.«

Der herrliche Sommer und Herbst 1823 enden indes am 1. Dezember. Der Kronprinz und sein Architekt reisen nach Sizilien. Man ist durchwegs gut aufgelegt. »Nur im Süden lebt man, im Norden kämpft man nur gegen Untergang und Tod«, sagt und klagt Ludwig. »Der Tag«, so erzählt Klenze, »theilte sich für den Kronprinzen zwischen Spaziergängen, Besichtigung der Merkwürdigkeiten, Denken und Dichten und Schreiben an die schöne Geliebte in Rom.«

Endlich im Januar 1824 geht es erneut zurück in das von ihm so geliebte und gelobte Dreieck Roma, Amor und Antike. Auf einem Faschingsball will er Marianna wieder »im Glanze der Schönheit sehen«. Genau wie vor drei Jahren! »Dieser Gedanke«, so teilt Klenze mit, »bildete den Mittelpunkt unserer ganzen Reiseunterhaltung, und seine Erfüllung ward in jedes poetische, lyrische und elegische Gewand gekleidet.« Um zwei Uhr früh hat die Kutsche schließlich den Ballsaal erreicht. »Alles war darin erleuchtet!« Dann die große Enttäuschung. »Das Fest war am Vorabend gegeben.« Die Musiker packen gerade ihre Instrumente ein, und Ludwig gerät aus dem Takt. »Ich schildere«, so erklärt Klenze, »den Ausbruch von Jammer nicht, welcher sich nun ergoß«.

Dieses Erlebnis vor Tag und Tau überstrahlen aber bald wieder die römische Sonne und Mariannas Liebesglut. In seiner Glückseligkeit widmet Ludwig dem jungen Blut, das er wiederholt im roten Kleid der Liebe malen läßt, die Alte Pinakothek, mit der er noch 1824 beginnen will. Um diesen Prachtbau mit seinen weltweit bedeutenden Gemälden und um die bildhübsche Marianna drehen sich all seine Gedanken, Gespräche und Gefühle. Er liebt eben, so teilt Klenze mit, das Schöne in jeder Form und Gestalt.

Während sich der Kronprinz noch eine kurze Zeit in Italien mit seiner Grazie befaßt, weilt Klenze schon in München und

Die Alte Pinakothek, eine der bedeutendsten Gemäldegalerien der Welt, widmet König Ludwig seiner Geliebten Marianna Florenzi, berichtet Leo Klenze.

versucht, einen delikaten Auftrag zu erledigen. Es geht ausnahmsweise nicht um geplante Gebäude, sondern um das Herrscherhaus, dem der Architekt klar machen soll, daß sich Ludwig mehr den italienischen Domen als Damen widmete. »Ich suchte«, so teilt er mit, »so viel es thunlich und schicklich war, eine Entschuldigung in dem lebhaften Gemüthe, der dichterischen Tendenz und Seelendisposition des Fürsten hervorzustellen, aber ohne großen Erfolg, namentlich bei der trefflichen, höchst tugendhaft gesinnten Kronprinzeßin«. Die betrogene und belogene Therese weiß nämlich Bescheid, ist aber ansonsten machtlos. Und Ludwig bessert sich auch nicht. Kaum zu Hause findet er bei der Schauspielerin Nanette Unterschlupf, notiert Klenze, der sich nach dem jüngsten Italien-Aufenthalt immer mehr der Innenarchitektur widmet und sich eingehend mit der pompejanischen Malerei befaßt.

Venus und Victoria ergötzen die Münchner und ihren König

Mit der Nachahmung der Malereien in Pompeji und Herculaneum führt Ludwigs Hofarchitekt den Stil der augusteischen Epoche in Deutschland ein

Immer wieder zieht es Kronprinz und Klenze zu den Tempelresten von Paestum und den nahen Grabungsstätten in Pompeji und Herculaneum. Nach Darstellung des Architekten findet man nämlich dort »die Hauptpunkte, um eine feste Ansicht über das eigentliche Wesen der klaßischen Kunst zu begründen«. Und er fährt in seiner Schwärmerei fort: »Was könnte zum Studium der griechischen Monumental-Architektur beßer als die herrlichen Ruinen von Pästum, was zur Kenntniß anticken Wohnhausbaues beßer als Pompej und Herkulanum vorbereiten!«

Die Begleitumstände der Besuche Neapels sind nicht immer erfreulich. Ludwig mag wegen der protokollarischen Verpflichtungen die Stadt nicht. Nach der Visite 1818 ist die Reisegruppe so sauer, daß man beim gemeinsamen Mahl den Mund hält und schweigt. Erst bei der Nachspeise ist wieder alles in Butter. Ludwig fragt nämlich nach einem Goethe-Wort seine Begleiter: »Nun! bringt niemand etwas herbei? keine Dummheit, keine Sauerei?« Alles lacht und so sind beim Dessert die Unstimmigkeiten des Tages vom Tisch.

Jahre später besuchen der Kronprinz und sein Architekt erneut die antiken Stätten, wo man »einen klaren Begriff über die Malerei der Alten« erhält. Selbstverständlich kutschiert man auch wieder nach Paestum. Klenze: »Wer kennt nicht die Reize und schönen Abwechslungen dieses Weges, die fruchtbare, stets wieder aus der feurigen Grabeshölle, welche der Vesuv darüber von Zeit zu Zeit ergießt, mit neuer Pracht entstehenden Gefilde von Torre del Greco und Resina?«

Überglücklich erreicht man zu nächtlicher Stunde das Ziel. Den nächsten Tag wird Klenze nie vergessen. »Tausend Gedanken über Leben und Kunst, Sonst und Jetzt, Fremde und Heimath drängten sich in meiner Seele«, so schwärmt er, »als ich plötzlich den Himmel im Osten sich erhellen und Poseidons gigantisches Heiligthum mir gegenüber sah, von einer Seite noch vom Monde, von der anderen durch Auroras ersten Rosenschimmer erleuchtet.« Dazu bildet das Meer in der Ferne »den

*Die Geburt der Venus im Königsbau der Residenz zeigt, wie weit der sonst so
gehemmte und verklemmte Klenze den antiken Mustern folgt.*

31

Catharina Sigl, die Ludwig keinen Wunsch abschlägt, wird von ihrem Verehrer der Königsbau der Residenz gewidmet.

ernsten Hintergrund dieses majestätischen Bildes«.

Plötzlich hört der Architekt seinen hohen Begleiter jubeln. Auch dieser ist ergriffen vom Naturschauspiel. Klenze: »O, schöner belohnender Augenblick, wo das nun schon wieder seit Jahren nach wahrer architektonischer Schönheit sich sehnende Auge dem Höchsten, was Menschen in dieser Kunst gefunden und gebildet, gegen-über sich findet!«

Bei diesem Besuch in Paestum verstärkt sich so ganz nebenbei der Eindruck, daß einer der dortigen Tempel das Vorbild für Ludwigs liebstes Projekt abgeben wird. Er fragt nämlich an Ort und Stelle seinen Begleiter, »wie ich es denn machen wollte, um dem Walhallabau das ruinenartige des Poseidon Tempels zu geben«.

Und über noch ein anderes Werk der Zukunft wird diskutiert, über den Königsbau der Münchner Residenz. Dieser Trakt sollte freilich erst in Angriff genommen werden, wenn Ludwig auch Bayernherrscher ist. Noch aber spricht Klenze von der »trefflichen Gesundheit des Königs Max«. Daß dem nicht so ist, soll sich bald herausstellen. Kurze Zeit später (13. Oktober 1825) verkünden nämlich Trauerglocken den Tod des geliebten Landesvaters. Klenze ist der Meinung, daß dieser Monarch »die Fackel der Civilisation, des wohlwollenden Liberalismus und der Gesittung zuerst über diesen sonst so finsteren und obscuren Pfaffenwinkel emporhob, von welchem Schiller so richtig sang: Eile Bayern dann zu, wo es am Salze gebricht!«

Unverzüglich wird jetzt, da Ludwig auf dem Throne sitzt, mit dem Königsbau begonnen, der natürlich auch an eine Liebschaft erinnert. Komischerweise gedenkt der Wittelsbacher diesmal einer Verflossenen, der Sängerin Catharina, »welche bewundert, gemalt, vielfach besungen ward« und die Klenze eine »Hure« nennt. In Liebesdingen waren sie und ihr Galan Ludwig nie müde und prüde. Und dies spielgelt besonders die äußerst freizügige Innendekoration einiger Säle des Königsbaus wider.

Nach Vorstudien Klenzes schlägt jetzt die Stunde der pompejanischen Bilder. 1830 reisen er und Ludwig extra zu den Ausgrabungsstätten bei Neapel. Der sonst so gehemmte und verklemmte Künstler studiert in Pompeji und Herculaneum intensiv die nackten Göttinnen und Grazien, die frechen Nereiden und Nymphen. Die Skizzen, die er dem König vorlegt, sind hinreißend schön. Im Servicesaal des Königsbaus stellt Klenze die Geburt der Venus dar – gewagt wie die Fresken in Herculaneum, wo wunderbare Göttinnen den Irdischen ihre hübschen Körper zeigen.

Die Wirkung der Studien in den antiken Stätten ist enorm. In fast allen Häusern der Ludwigstraße lebt plötzlich die farbige Götterwelt Homers mit ihren schönen und obszönen Geschichten auf. Ariadne und Amor, Bacchus und Hebe, Venus und Victoria, Sphingen und Schmetterlinge, Mänaden und Meeresungeheuer zieren die prächtigen Wände. Leider gehen sie in den Bombennächten des Zweiten Weltkrieges alle verloren. Zu den wenigen Klenze-Bauten, die den Krieg ganz unversehrt überdauern, gehört die Walhalla.

Mänade von Herculaneum, Prototyp für antike Frauenbildnisse der Münchner Maler. Auch Klenze nimmt sie zum Vorbild.

Hundertfach in München, Ismaning und Petersburg imitiert: die Sphingen von Herculaneum (heute Neapel)

Götter und Genies Germaniens ziehen in die Walhalla

Wie bei der Eröffnung des griechischen Tempels die Familie Thurn und Taxis dem König zeigt, daß eigentlich sie die erste Dynastie in Bayern ist

»Das Kind meiner Liebe« – so bezeichnet Ludwig I. von Anfang an die Walhalla, wie in der germanischen Mythologie der Wohnort der Götter bezeichnet wird. Er spricht schon 1815 mit Klenze darüber. Ein »teutsches Pantheon« in Gestalt des »mittleren Tempels von Pästum« sollte es werden. Doch bald begeistert sich Ludwig für »ein Rundgebäude«. Also hat Klenze, der »als eine unumstößliche Bedingung den altdorischen Styl wählen muß«, wieder umzuzeichnen. Kaum ist die neue Skizze fertig, erhält der Architekt einen Brief, in dem steht: »Die Säulen in der Runde herum will ich nicht.« Ludwigs neuer Vorschlag: »Ein Mixtum compositum der atheniensischen Propyläen, des römischen Pantheon und des Grabmals Hadrians.« Dann empfiehlt er im Innern einen ovalen Raum (»Eyrunde«) und ein Gemach für die Büsten noch lebender Größen (»Erwartungshalle«). Eine weitere Instruktionen lautet: »Von Holz darf nichts in Walhalla kommen, gewölbet muß deßen Decke werden.«

Verständlich, daß der Architekt bei soviel Anweisungen allmählich aus dem Häuschen gerät! »Dieses Schwanken«, so schimpft er, »dieses Jagen nach Effekten, dieser unglaubliche Mangel an architektonischen und klaßischen Begriffen, brachte mich außer mir.« Es ist noch ein weiter Weg, bis man sich auf die heutige Gestalt einigt. Und auch dann noch stellt Ludwig »die Walhalla als eine bloße Nachahmung des Parthenon an den poetischen Pranger«.

Auch über den Standort ist man sich lange nicht einig. Relativ schnell gibt Ludwig den ursprünglichen Plan auf, die Walhalla in München zu bauen. Lange liebäugelt er mit Eichstätt. Aber die Umgebung Regensburgs ist schöner, sagen Freunde. Plötzlich lautet die Alternative Donaustauf oder Winzer. Dorthin wird Klenze auch geschickt. Verärgert schreibt er: »Weil der Kronprinz abschlug, meine Reisekosten dahin zu vergüten, was mich nicht der wenigen Gulden, sondern der Sache wegen so verdroß, daß ich gar nicht hinging.«

Das bedeutendste Bauwerk der Ära Ludwigs ist für Klenze die Walhalla (im Vordergrund die Salvatorkirche von Donaustauf). Gemälde vom Architekten.

Dann wirft die Auswahl der Büsten Probleme auf. Anfangs will Ludwig das Abbild Luthers nicht im neuen Götterhimmel haben. Klenze kann ihn aber umstimmen. »Ich suchte ihm«, so berichtet er, »so viel ich konnte, begreiflich zu machen, daß ein Denkmal teutschen Ruhmes, wenn daßelbe, wie es doch das höchste Betreiben war, Anerkennung in Teutschland finden sollte, das Bild eines Mannes nicht entbehren dürfe, welchen mehr als die Hälfte der Teutschen als einen gleichsam von Gott gesandten Religionslehrer anerkennt.«

Das Thema Walhalla wird weiter »tausendfach besprochen«, auch nach der Thronbesteigung Ludwigs 1825. Endlich am 18. Oktober 1830 erfolgt die Grundsteinlegung in Donaustauf. Der Tempel, so frohlockt Klenze, wird »das bedeutendste und entscheidenste Bauwerk, welches die Kunstära König Ludwigs I. aufzuweisen hat«. Auch der Monarch huldigt seinem Architekten und ruft ihm bei der letzten Inspektion zu: »Herrlich, herrlich, Klenze, prachtvoll, grandios, klaßisch und schön wie ich nur jemals etwas sah.«

Fürst Maximilian Karl von Thurn und Taxis und seine Frau Mathilde.

Dann aber erlebt der König die wirkliche Krönung des Ausfluges. Fürst Maximilian Karl von Thurn und Taxis (39) und seine Frau Mathilde (25) bitten zu Tisch. Der Gastgeber ist einer der reichsten Männer des Kontinents, die Fürstin eine in ganz Europa gefeierte Schönheit. Während des »sehr splendiden Mittagsmals« überhäuft Ludwig seinen Architekten mit Anerkennung und lobt »die Trefflichkeit der Küche bei jeder neuen Schüßel«. An der prächtigen Tafel bemerkt Klenze, daß sein königlicher Herr doch ein armer Schlucker ist. Seine Küche in München könne »ganz zweifelsohne an Schlechtigkeit mit keinem europäischen Hofe verglichen werden«.

Bald kommt man wieder, denn am 18. Oktober 1842 erfolgt endlich »bei außerordentlich schönem Wetter« die Einweihung des Tempels. Aus Kostengründen lehnt der König ein Fest ab. Doch da warten schon die Taxis auf die günstige Gelegenheit, ihren unermeßlichen Reichtum zur Schau zu stellen. Kein Zweifel, diese Familie mit ihren prächtigen Schlössern und Rössern, den ertragreichen Feldern und Wäldern gehört in der deutschen Geld- und Geburtsaristokratie zur ersten Adresse.

Nach einigen »hyperpatriotischen Phrasen im allerdurchlauchtigsten, allergnädigsten Großmächtigsten Königs- und Herrnstyle« bittet Ludwig dann die Taxis und weitere Herrschaften in das weiße Haus über der blauen Donau. »Mehr als alle Lobesrufe und banalen Phrasen von Nichtkennern«, so schreibt

Klenze, »erfreuten mich die aufrichtigen Freudenthränen, mit welchen die treffliche Königin den König umarmte und ihm zu dieser Schöpfung Glück wünschte.«

Anschließend geht es zum Festmahl in das Taxissche Sommerschloß, »wo ein koloßales Mittagessen dem Kunstenthusiasmus eine feste Basis gab oder die Krone aufsetzte«. Hauptdelikatesse ist eine 182 Pfund schwere Schildkröte, die aus Hamburg angeliefert wurde. Bei Tisch sitzt die hübsche Fürstin neben dem König, der sofort eine Neuigkeit aufgabelt. Die Tischpartnerin ist im dritten Monat schwanger. Der König, so berichtet Klenze abschließend, »war außer sich vor Bewunderung und Freude über die Anordnungen und den Luxus dieses allerdings lukullischen Males, und beschloß daßelbe mit einem wirklich witzigen Spotte auf die Küche seines Hofes«. Trotz des vorzüglichen Menues bleibt freilich ein bitterer Nachgeschmack. Den Protestanten stieß auf, daß Ludwig in der Walhalla die Büste Luthers nicht aufstellen ließ. Und auch Klenze war eigentlich schon abserviert.

Schon als Kronprinz plant Ludwig die Walhalla. Als sie 1842 fertig ist, hat den Architekten der königliche Bannstrahl längst getroffen

Der Architekt steigt den griechischen Ministern aufs Dach

Als Gesandter Ludwigs I. setzt er am Hofe König Ottos die Erhebung Athens zur Hauptstadt der Hellenen durch, fällt aber dann in Bayern in Ungnade

Obwohl das Verhältnis König-Klenze nie spannungsfrei ist, verbinden allerdings beide oft sehr vertrauensvolle Begegnungen. Das zeigt sich insbesondere 1834. Ludwigs Sohn Otto (19), seit kurzem König von Griechenland, gerät zum hoffnungslosen Spielball seiner Minister und Berater. Zunächst meint Ludwig noch, »es seien nichts als Weibergeschichten«. Doch als »eine Versöhnung der Parteien nicht mehr zu bewirken ist, sei er also entschloßen, einen Spezial- oder Hof Commisair nach Griechenland zu schicken und dieser wäre ich«.

Frohgemut macht sich alsbald der Sondergesandte mit seinem Sohn Hippolyt (20) auf den weiten Weg nach Süden. In Korfu betritt er »homerischen Boden«. Und er schwärmt: »Ich kann nicht sagen, mit welch erhabenem Gefühle!« Dann bewundert er erstmals Athen, das einen überwältigenden Eindruck auf ihn macht. Er zeichnet viel, was seine reiche Phantasie noch mehr beflügelt. Vor allem die Akropolis fasziniert ihn. Ihr Bild ziert noch heute das von ihm und seinem Büro ausgestattete Schloß Ismaning.

Um Athen geht es auch in den Gesprächen mit König Otto und den zerstrittenen Ministern. Der Regierungssitz soll nämlich von Nauplia in die alte Metropole verlegt werden. Die Meinungen zu dieser Entscheidung »von hoher politischer Wichtigkeit« gehen weit auseinander. Klenze setzt aber gegen heftige Widerstände seinen (und Ludwigs) Willen durch. Emphatisch schreibt er: »So ward Athen wieder eine Königsstadt, und ich war dazu das unmittelbare aktive Werkzeug. Der 1. December 1834 sah also in der Stadt der Weisheit und Künste einen Thron wieder aufrichten, welchen vor 2966 Jahren Kodros freiwillig zum Besten seines Volkes verließ.«

Klenze freut sich aber noch aus einem anderen Grund. Otto, der sich von seinem Vater »aufgeopfert« fühlt, bittet seinen Gast, »Entwürfe für den Pallast in Athen« zu liefern. Ludwig will selbstverständlich die Arbeiten sehen und erteilt »das größte Lob«. Der bayerische Provinz-Architekt steht also vor einer Weltkarriere.

Die Akropolis beeindruckt Klenze so, daß er nicht nur in seinen
Erinnerungen von ihr schwärmt, sondern damit auch den von ihm mit
ausgestatteten Kaisersaal des Schlosses Ismaning ziert.

Maria von Pflummern, eine total vergessene Mätresse Ludwigs I., gewinnt die Gunst des Königs just in dem Augenblick, als sie Klenze verliert.

Doch rasch zerrinnt dieser Traum. Ludwig entzieht seinem alten Kompagnon plötzlich das Vertrauen. Auf seiner Griechenland-Reise 1835/36 begleitet ihn nicht Klenze, sondern sein schärfster Rivale: Gärtner, der mehr den von Ludwig geliebten altdeutschen Stil pflegt. Und so erhält der Konkurrent jetzt die begehrten Aufträge Athens. Der alte Architekt ist damit weg vom Fenster! Mit bitterem Ton konstatiert er: »Ich war beseitiget.« Als ihn Ludwig tröstet, schreibt der Entmachtete: »Alles war erzwungen und nicht mehr wie ehemals!«

Natürlich steckt wieder eine Frau dahinter. »Ein Gebäude und sein Baustyl konnten bei diesem Herrn zur höchsten Geltung gelangen«, so schreibt Klenze, »wenn an daßelbe sich die erotische Erinnerung an irgendeinen geliebten Gegenstand knüpfte.« Und so spürt der Düpierte mit einem Schlag, daß der König seine Architekten genauso wie seine Mätressen behandelt. »So wie er diese«, erzählt er, »bald blond, bald braun, bald groß, bald klein, bald sanft, bald feurig liebte und wählte, so wechselte auch stets sein Geschmack in der Architektur.«

Das Schicksal mit Klenze teilt jetzt 1836 die Tänzerin Antonia. Von ihr sagt der Wittelsbacher, keine habe »seine Sinne in einem so hohen Grade gereitzt« wie sie. Ihre Nachfolgerin im königlichen Serail ist nun die weitgereiste und vielgeliebte Baroneß Maria (29), die mit Ludwig einen herrlichen Sommer in Bad Brückenau verbringen darf. Die »neue Liebschaft«, unvermählt, unfruchtbar und unwiderstehlich, ist ein quirliges Wesen, das sich nicht lange spreizt, wenn der König in sie dringt. Um ungestört der Lust frönen zu können, hat Ludwig erstmals seiner Frau Therese verboten, ihn nach Franken in die traditionellen Sommerferien zu begleiten. Dafür daß die

Liaison dennoch nicht geheim bleibt, sorgt wiederum Klenze. Er überrascht das Liebespaar bei einem Rendezvous in Bad Kissingen.

Vor dieser für Ludwig peinlichen Begegnung fällt auf, daß der Architekt den Wittelsbachern immer weniger wohl gesonnen ist und den griechischen König als Lügenbaron hinstellt. Als zum Beispiel Otto auf Brautschau nach Deutschland kommt, sagt er zu Klenze, »wie leid es ihm gethan, daß er mein herrliches Schloßprojekt jetzt nicht habe ausführen können«. Dazu Klenze: »Wovon ich kein Wort glaube!«

Und so freut er sich, daß die Brautschau anfangs zu einem wahren Fiasko wird. Eine Kandidatin nach der anderen sagt ab – bis sich endlich Amalie von Oldenburg (18) bereit erklärt. Doch sie kommt wieder, wie Klenze sarkastisch schreibt, »um in den Bädern von Ems die eheliche Fruchtbarkeit zu suchen, welche ihr bis jetzt versagt worden war«. Besonders übel nimmt er es ihr, daß sie sich von Gärtner so beeinflußen läßt. Der Konkurrent, so klagt Klenze, schäme sich nicht, »seinen Werken gegen die Meinigen Geltung zu verschaffen«.

Katharina Bozzaris, die hübsche Tochter eines griechischen Freiheitskämpers, begeistert ganz München. Ludwig läßt sie für seine Schönheitengalerie malen.

Der Besuch der griechischen Königin erhält aber nach Darstellung Klenzes »eine erhöhende Folie durch die Anwesenheit einer sehr schönen Hofdame, der jungen Bozzaris«. Die charmante Frau ist 20 Jahre jung und Tochter eines griechischen Freiheitshelden. Ludwig läßt sie sogleich für seine Schönheitengalerie malen. Nicht aber seine Schwiegertochter Amalie, der er die Schuld an der kinderlosen Ehe mit seinem Sohn Otto gibt! Mitmenschen zu kränken, die seine Erwartungen nicht erfüllen oder anders als er denken, ist eine seiner schlimmsten Eigenschaften.

König Otto, der Sohn Ludwigs I., nimmt die Huldigungen seiner griechischen Untertanen entgegen.

Das Kreuz des Königs mit der anderen Konfession

Obwohl Ludwigs Mutter, Stiefmutter, Ehefrau, Schwiegertochter und einige seiner Mätressen protestantisch sind, verteufelt er Luther und seine Anhänger

Daß Ludwig I. dem Reformator Luther den Einzug in die Walhalla verwehrte, trifft Klenze hart. Er bekennt zwar, daß »das monarchische Regierungssystem namentlich für katholische Christen das beste« ist, zeigt sich andererseits aber tolerant und war einst bereit, ein protestantisches Gotteshaus in München zu bauen. Der Entwurf, der dem Wittelsbacher »sehr wohl« gefiel, mußte nur in Details geändert werden. Vor allem gegen den viel zu hohen Turm war damals Ludwigs Spitze gerichtet. Klenze: »Ich möge dieses ändern, ohne daß ich etwas davon sage, daß es sein Wunsch wäre; gewiße Herrn (die Protestanten) würden dieses übel deuten, da sie gewiß lieber einen recht großen Thurm hätten, wenn es auch weniger schön wäre.«

Dann kommt alles ganz anders. Nicht Klenze, sondern Baurat Pertsch erhält den Auftrag für das Gotteshaus der 6000 Münchner Protestanten. Freilich, auch er muß sich abkanzeln lassen. »Sauerei« nennt Ludwig den Plan. Scheinheilig sagt er aber zu Klenze, für eine evangelische Kirche sei das alles natürlich angemessen. Architekt Klenze geht wieder einmal die Wand hoch und rügt Ludwigs »große Gleichgültigkeit und Verachtung des Gegenstandes«. Und abermals schaut der Wittelsbacher auf den Campanile. Das wiederum ärgert den protestantischen Architekten Ziebland. Er stellt auf einem Bild den Turm dermaßen massiv und groß in den Vordergrund, daß dagegen die Domtürme im Hintergrund recht bescheiden ausfallen.

Die unselige Idee Ludwigs in seiner Kronprinzenzeit, alle Protestanten in Rom zu bekehren, lebt später in geradezu himmelschreienden Formen wieder auf. Und so sind auch seine üblen Sprüche über alle Andersgläubigen und -denkenden zu erklären. Seinem Schwager, dem Preußenkönig Friedrich Wilhelm IV., schreibt er einmal: »Dich haß ich gleich der Spinne.« Und er freut sich, als der große Schelling (Klenze: »der protestantische Grübler«) nach Berlin zieht. Gerne läßt er auch Rückert dorthin gehen. Überhaupt nicht zu verstehen ist für viele sein Haß auf den genialen Heinrich Heine, der zwar zum Pro-

Wilhelmine und Karoline, Mutter und Stiefmutter Ludwigs, bekennen sich zum protestantischen Glauben. Als Karoline (rechts) stirbt, verursachen in München katholische Geistliche einen Skandal.

testantismus konvertierte, aber ursprünglich Ludwig wohlgesonnen war. Und so vernimmt man eines Tages die Meldung, daß Ludwigs Name auf einer Inschrift im Englischen Garten mit dem Prädikat »Pfaffenkönig« versehen wurde. Klenze: »Ich sah den König fast nie in größerem Zorne.«

Doch die Schmierer haben nicht Unrecht, wie der Architekt berichtet. »Jeder auch noch so kraß hervortretende Zelotismus, solange er nur die dogmatische Bahn nicht direkt verließ, war dem König als strenggläubigen Katholiken stets sehr willkommen.« Das tritt auch 1840 zutage, »als in München ein Prediger, Eberhard, alle Vernünftigen und gemäßigten Männer durch die leidenschaftlichsten Ausfälle gegen Protestanten und Protestantismus in seinen Predigten empörte«. Da sagt der König nur: »Was will man denn gegen den Eberhard? Ich wünschte nur recht viele solche Prediger zu haben.«

Der ganze Zelotismus Ludwigs freilich ist überhaupt nicht logisch. Am Höhepunkt seines Protestantenhasses liebt er nämlich die äußerst adrette und nette Schauspielerin Constanze so emphatisch, daß ihn der evangelische Glaube der Angebeteten nicht im geringsten stört. Als er dann seine Sünden wider das sechste Gebot mit einer anderen teilt und sich deswegen Vorwürfe anhören muß, entgegnet er nur, die Neue sei doch katholisch.

*Die Matthäuskirche in der Sonnenstraße gefällt König Ludwig gar nicht.
Den Plan bezeichnet er als eine »Sauerei«. Das Gotteshaus wird 1938 abgerissen.*

Aber nicht nur Mätressen Ludwigs sind evangelisch, sondern
auch Mutter Wilhelmine, Stiefmutter Karoline, Ehefrau Therese
und Schwiegertochter Marie. Wie verherrlichte er 1810 seine
Braut! »Mich drängts, nach dir die Arme auszubreiten, geliebtes
Weib«, so dichtete er damals. Schwiegertochter Marie nimmt er
sogar in seine Schönheitengalerie auf. Und wie hing er an seiner
leiblichen Mutter, die er im Alter von zehn Jahren verlor! »Die
schöne engelhafte Prinzessin von der Pfalz« hat man diese Frau
genannt. Nie läßt er nur das leiseste Wort der Kritik an ihr zu.

Im Alter verehrt er ebenso Karoline. Ihr Tod 1841 geht ihm sehr nahe. »Er war wie außer sich und hatte fast die Besinnung verloren« berichtet Klenze. Und er fährt fort: »Diese Betäubung suchte schnell die hyperkatholische Partei zu benutzen, um an dem königlichen Leichnam noch die Verdammniß der evangelischen Confeßion zu rächen.« König Max hatte nämlich durch Testament bestimmt, daß seine zweite Frau an seiner Seite in der (katholischen) Theatinerkirche zur letzten Ruhe gebettet wird. Diese Verfügung freilich sehen die katholischen Geistlichen als Teufelswerk an. Klenze: »Öffentlich wollte man es zeigen, daß dieses ganz außerhalb der Würde, welche hiebei der Katholizismus verleihen konnte, geschehen müße.«

Falscher Gottesglaube, richtige Königsliebe: Schauspielerin Constanze.

Der Leichenzug zur Kirche, so fährt Klenze fort, ist »mit aller Pracht angeordnet«. Als der Sarg dann »in und durch die Kirche ohne Sang und Klang in die Gruft getragen wird«, sieht man die Geistlichen so gekleidet, wie sie »auch in das Wirtshaus gingen«. Das schlägt natürlich dem Faß den Boden aus. Zu Klenze sagt der beleidigte Wittelsbacher: »Im Koth haben sie das lebende und todte Königthum stehen laßen.« Er kündigt Konsequenzen an, trifft aber – wie sooft – die Falschen.

Feindbilder – eine spezielle Kunst Ludwigs

Kritik verträgt der Wittelsbacher nur von hübschen Frauen, in keiner Weise aber von Männern, und seien es Genies wie Goethe, Kaulbach oder Cornelius

König Ludwig I., so behauptet Klenze nahezu auf jedem seiner Notizblätter, ist Lieb- und Rechthaber zugleich. Wer ihm widerspricht, fühlt schnell eine deutliche Sprache und Rache. Seit 1830 steckt er alle Gegner ins Gefängnis, darunter einen seiner besten Freunde, den Würzburger Bürgermeister Behr. Eine »strenge Censur«, so schreibt Klenze, sorgt für kritiklose Berichterstattung in den Zeitungen. Nur die Meinung des Königs ist maßgebend – und das in allen Bereichen.

Besser – in fast allen Bereichen! Denn bei Frauen, die seinem Begehren nicht erliegen, gibt er sich generös, liest man in den Klenze-Memoiren. Eine solche Evatochter ist Caroline, die illegitime Tochter seines Bruders Carl. In der Mitte der 30er Jahre gehört sie zu den schönsten Frauen Münchens. Ihre Ehe mit dem Grafen Holnstein bricht sie ständig. Als sich dann Ludwig Hoffnungen auf sie macht, lockt sie ihn tatsächlich in ihr Liebesreich. Der König ist darüber besonders glücklich. Doch die neue Flamme läßt ihn offensichtlich kurz vor seinem Ziel abblitzen und brennt mit einem seiner Offiziere durch. »Ihr Gemahl konnte sich nun gemeinschaftlich mit ihrem verlaßenen Geliebten (Ludwig) trösten«, kommentiert Klenze bissig.

Daß dem König kein Stein aus der Krone fällt, wenn ihn eine Frau nicht erhört, verwundert den Architekten immer wieder. Ludwig verträgt nämlich nicht einmal von den allergrößten Zeitgenossen Kritik. Ja, nicht einmal von Goethe! Der Wittelsbacher zitiert zwar ständig auf Reisen die Verse des gebürtigen Frankfurters, in der Walhalla will er seine Büste aber zunächst nicht sehen. Als Klenze erklärt, es sei ganz unmöglich, Deutschlands größten Dichter auszuschließen, wird es dramatisch. »Die Antwort des Königs war«, so erzählt der Architekt, »wenn die Rede darauf kam, stets mit einer gewißen Mißlaune ausgesprochen.« Wiederholt sagt Ludwig: »Nein! Nein! warum denn gerade der, warum gerade Göthe!« Klenze glaubt, »diese Mißlaune endlich der Confession des Dichters oder seinen politischen Grundsätzen, welche dem König nie recht zugesagt hatten, anheim geben zu müßen«.

Doch er wird vom Kunstsammler Sulpiz Boisserée, der 1827 Bilder an Ludwig für die Alte Pinakothek verkauft, dahingehend aufgeklärt, daß der Wittelsbacher nie die Kritik Goethes an den Gedichten des Bayern verwunden habe.

Der König zürnt aber nicht nur dem Dichterfürsten, auch die erste Malergarde Deutschlands treibt es ihm seiner Meinung nach zu bunt. »Der wahrhaft geniale, aber grade kränkliche und reizbare Maler Kaulbach«, so erzählt Klenze, »habe sich mehreremale freimütig über die großen Mängel der Bilder aus dem Niebelungenliede und über die religiösen Darstellungen geäußert, welche Schnorr und Heinrich Heß im Königsbaue und in der Allerheiligen-Capelle ausführten«. Das hätte er besser nicht tun sollen. Als Ludwig von dieser Kritik an seinen Lieblingen erfährt, so teilt der Architekt weiter mit, »war er so aufgebracht, daß er mir selbst sagte, er wolle ihn aus dem Lande bringen laßen«. Nur der Intervention Klenzes ist es zu danken, daß Kaulbach bleibt.

Völlig aus dem Rahmen fällt der Wittelsbacher dann im Umgang mit dem Maler Peter Cornelius. Er ist laut Klenze »zu unabhängig und selbständig, um sich stets unter den krampfhaften Willen eines Herrschers wie Ludwig I. zu schmiegen«. Nach Darstellung des Memoirenschreibers gilt er als »der erste oder doch gewiß der berühmteste Maler unserer Zeit«. Als solcher erhält er auch den Auftrag für das »Jüngste Gericht« in der Ludwigskirche.

Als nun Cornelius 1839/40 mit diesem größten Wandgemälde der Welt fertig wird, sieht er Ludwig und Gärtner in die Kirche schleichen. Klenze berichtet: »Cornelius glaubte, sich nun ebenfalls dahin begeben zu müßen, ward aber an der Thüre von einem ganz gemeinen Arbeiter mit dem Bedeuten zurückgewiesen: er dürfe nicht hinein.« Die Meinung beider Inspizienten über das grandiose Werk des Cornelius, das Generationen von Künstlern loben, ist niederschmetternd. Königliches Fazit: Cornelius ist ein Dichter aber kein Maler. Es sei zu hoffen, »daß jenes Bild des jüngsten Gerichtes noch einen Firniß bekommen werde, um die Farben heraustreten zu machen«. Und Ludwigs bösestes Urteil: »Kurz und gut Klenze, ich sage Ihnen, diese Arbeit ist eine wahre Sauerei.«

Der selbstbewußte Maler folgt daraufhin einem Ruf des Preußenkönigs Friedrich Wilhelm IV. Und Ludwig schimpft jetzt nach allen Regeln der Kunst über seinen ehedem besten Maler. Noch mehr ärgert er sich aber über den »glänzenden Empfang«, den man dem abtrünnigen Cornelius in Berlin bereitet. Die entsprechenden Nachrichten, so erzählt Klenze, »berührten ihn (Ludwig) äußerst unangenehm und seine Äuße-

Caroline von Holnstein, Münchens bekannteste Ehebrecherin in der ersten Hälfte des 19. Jahrhunderts, lockt den König zwar in ihr Liebesreich, erfüllt ihm aber dann doch nicht die letzte Bitte.

Goethe, Cornelius und Kaulbach (von links) gehören im 19. Jahrhundert zu den bedeutendsten Deutschen. Nur Ludwig schätzt sie nicht, weil sie nicht seiner Meinung sind oder ihn kritisieren.

rungen darüber gegen mich schienen zu beweisen, daß der König der vollsten Überzeugung war, es sei ungerecht und ungeeignet, einen Künstler zu ehren und auszuzeichnen, welchen er deßen nicht würdig erachtet hätte«.

Die Kündigung des Cornelius hat in München eine Signalwirkung. Plötzlich erfährt nämlich Ludwig, daß auch die Maler Kaulbach und Rottmann nach Preußen gehen wollen. »Aber Klenze, sagte er mir mit dem aller verdrüßlichsten Gesichte und mit dem Fuße stampfend, soll denn alles nach Berlin und immer nach Berlin?« Der Monarch ahnt zu diesem Zeitpunkt noch nicht, daß auch der so Angesprochene ein lukratives Angebot hat.

Zenith im Zarenreich:
Bau der Eremitage

Nach seinem Besuch im Königsbau verpflichtet Zar
Nikolaus den Architekten nach Petersburg, wo er auch
die Anerkennung der schönsten Russin genießt

Ausgerechnet mit dem Königsbau der Residenz legt Architekt
Klenze den Grundstein für seine Weltgeltung. Allein schon das
Äußere versetzt die Zeitgenossen in Erstaunen. Für seine Pläne
und Dekorations-Entwürfe, so liest man in seinen Erinnerungen, erhält er von Ludwig I. »höchstes Lob«. Vor allem der
Thronsaal wird allüberall gerühmt. »Das ist der schönste Raum
der Welt«, ruft hier Zar Nikolaus I. 1838 bei seinem München-
Besuch aus. Der Gast ist von dem Werk Klenzes so angetan, daß
er sich fest vornimmt, ihn nach Petersburg zu verpflichten.

*Der Königsbau auf dem Max-Joseph-Platz verhilft Klenze zur Weltgeltung.
Der Trakt gefällt nämlich Zar Nikolaus I. so sehr, daß er den Architekten
nach Rußland verpflichtet.*

Marie Auguste, die schönste Russin der Zeit, empfängt Klenze in ihrem Landschloß Sergiefsky.

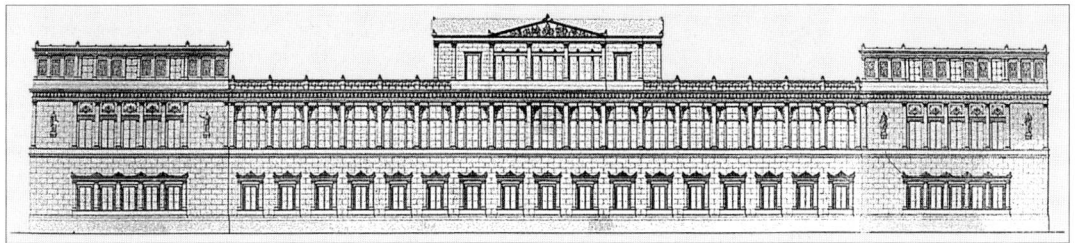

*Die Eremitage in Petersburg ist der bekannteste Bau Klenzes. Der Entwurf
war bis vor kurzem verschollen.*

*Die Innenausstattung der Eremitage entwirft Klenze nahezu ganz allein.
Unser Bild zeigt die Karyatiden und Decke des Münzkabinetts.*

Der Meister, der dauernden Demütigungen zu Hause müde,
sagt prompt zu und bricht im Frühjahr 1839 »nach dem hohen
Norden« auf.

Dort wird Klenze sofort vom Zaren empfangen. Der Architekt schreibt: »Nachdem mir der Monarch sein Bedauern ausge-
drückt hatte, daß ich nicht früh genug habe kommen können,
um an der Wiederherstellung des Winterpallastes Theil zu nehmen, eröffnete er mir seine Absicht, durch Vergrößerung der jet-

zigen Eremitage das Mittel zu gewinnen, alle Kunstsammlungen würdig und zweckmäßig aufzustellen, und daß er mich der sich in diesem Fache der Baukunst als den größten Architekten der Zeit bewährt habe, nach Petersburg berufen habe, um diesen Bau zu entwerfen.« Ja, der Zar geht noch weiter. »Wenn ich nicht fürchten müßte, unbescheiden zu sein, so würde ich Sie auch bitten, mir Entwürfe für das Innere der St. Isaakskirche zu machen.« Die ihm vorgelegten Pläne seien nämlich abscheulich. Klenze: »Ich versprach, das Meinige zu thun, um des Kaisers Vertrauen zu rechtfertigen.«

Dann wird der Gast aus München in die Herrscherfamilie eingeführt. Er trifft dort auch den 1817 in München geborenen Herzog Max von Leuchtenberg, der mit der Zarentochter Marie Auguste (20) verheiratet ist. Sie gilt als die schönste Russin, deren Liebreiz auch in der Bayernmetropole, wo sie öfter weilt, hoch gepriesen wird. Auf Assembleen und Bällen hofieren sie die russische Adelige mehr als jede andere Frau. Mit ihrem Ehemann, so berichtet Klenze, verbindet sie »die heftigste Leidenschaft«. Der Architekt selbst nennt sie eine »junge, geistreiche, liebenswürdige, aber höchst reizbare Fürstin«.

Höhepunkt des Aufenthalts ist der Besuch der Privaträume der Zarin Katharina der Großen. Nikolaus I. zeigt dem Gast »alle heimlichen Gänge und Treppchen, welche zur Feier des Cultus der Venus pandemos gehörten, welchem jene große Frau so eifrig oblag und deßen Priester gewöhnlich in den Wachstuben gesucht und gefunden wurden.«

Zu Hause macht sich Klenze sofort an die Arbeit. Er ist nicht mehr ausgelastet, weil ja in München das Büro seines Konkurrenten Gärtner floriert. »Ich war herzlich froh, daß mir der König zur Ausarbeitung meiner Petersburger Projekte einige Zeit und Muße gewährte, und widmete dieser die angestrengteste Thätigkeit.« Im Jahr darauf (1840) reist so Klenze abermals nach Petersburg. »Ich fand dort noch freundlichere Aufnahme als bei meinem ersten Aufenthalte und ein wahrhaft enthusiastisches Lob meiner Arbeiten.«

Der selbstherrliche Ludwig glaubt indes, die Planungen Klenzes seien brotlose Kunst. Als nämlich der Architekt zum König sagt, »daß der Bau des großen Musäums nun wirklich begonnen hätte, veranlaßte (dies) den König noch immer Zweifel darüber zu äußern, weil wie er wiße, ja die Rußischen Finanzen in solcher Bedrängniß wären, daß man wol an die Verwirklichung eines solchen Prachtbaues nicht ernstlich denken könne«. Wie täuscht sich da der Wittelsbacher!

Insgesamt sechsmal reist Klenze nach Petersburg. Er nennt den Zaren »den redlichsten Manne seines Reiches und den Edelsten auf einem europäischen Throne«. Und dem Gast aus München tun »die größten Lobsprüche« gut, »woran mich König Ludwig so wenig gewohnt hatte«. Besonders geschmeichelt fühlt er sich, als ihm die hübsche Marie Auguste ihr Landhaus in Sergiefsky zeigt. Wehmütig denkt er an seine Frau Felicitas, die kränkelt und schließlich 1844 im Alter von nur 50 Jahren stirbt. Fünf Kinder hat ihm die gebürtige Turinerin geschenkt. Jetzt bestattet er sie im Familiengrab auf dem Südlichen Friedhof.

Indes wächst die Eremitage in die Höhe, die zu einem der schönsten Museen der Welt werden soll und Klenze den Ruf einbringt, der bedeutendste Architekt seiner Zeit zu sein. In einer eigenen Baubeschreibung lobt er überschwenglich seinen Kompagnon Hiltensperger, »welchem mehr als irgend einem andern lebenden Maler das eigentliche Verständniss und die lebendige Auffassung antiker Malerei eigen ist«. Diese in Petersburg aufbewahrte Beschreibung enthält auch die bisher als verschollen gehaltenen Skizzen Klenzes.

Vor allem die Innenausstattung mit wahren Kaskaden pompejanischer Motive, den Karyiatiden, Kapitellen und Kuppeln bilden nach Ansicht der Russen ein würdiges Ambiente für die großartige zaristische Kunstsammlung. Klenze und Hiltensperger können hier ihrer Phantasie freien Lauf lassen und müssen sich nicht ständig von Ludwig gängeln lassen. Dieser wird zudem jetzt auch noch prüde und verbietet die Darstellung leichtgeschürzter Göttinnen, wie sie in Pompeji und Herculaneum so reichlich die Wände schmücken.

Göttlichen und irdischen Schönheiten auf den Leib gerückt

Während Ludwig die nackten Venus- und Victoria-bildnisse in der Residenz nicht mehr duldet, wird er bis zur 48er Revolution immer ausschweifender

Einmal bigott, dann wieder ausschweifend! Das ist nach Darstellung Klenzes sein König in den 40er Jahren. Eingeweiht in die Frömmelei des Monarchen wird der Architekt von dem Dichter Eduard Schenk, der mit seinen Informationen unser Ludwig-Bild ganz schön korrigiert. Dieser klagt laut Klenze »bitter über die sich täglich steigenden hyperkatholischen Tendenzen des Königs unter Abels Einflüße«. Karl Abel, seit 1837 Innenminister, habe die Absicht, »den König unter ein von ihm selbst geleitetes Pfaffenregiment zu bringen«. Dabei steigert er Ludwigs »lebhafte Einbildungskraft bis zu religiösen Visionen« und flöße ihm so den göttlichen Willen ein, bald das Zeitliche segnen zu müssen.

Hauptsorge des Königs in dieser bigotten Phase, in der er mehr an das Himmel- als Königreich denkt, ist die Vollendung des Kölner Doms, weswegen es zu einer abermaligen Verstimmung mit Klenze kommt. Denn diese Begeisterung, so der Architekt, sei allein auf Ludwigs »Gothiko-germanischen Kitzel-Nerv« zurückzuführen. So wird in Bayern »ein Kölner Dombau Verein gestiftet und alle Mittel angewendet, um zu häufigen und erklecklichen Beiträgen aufzumuntern«.

Diese Endzeitstimmung des Königs nutzt nun Abel aus und erklärt, die lockere Mode der heidnischen Götter verderbe die Mitmenschen. Klenze: »In

Eduard Schenk korrigiert mit seinen Informationen an Klenze unser Bild von Ludwig I. erheblich. Nicht sein Minister Abel folgt ihm, wie bisher immer dargestellt, sondern er seinem Minister.

56

der Kunst hatten diese steigenden pfäffischen Tendenzen zunächst den Ein-
fluß, daß alle Nuditäten in Bildern und
Statuen entfernt, und wo sie etwa schon
bestanden und selbst Jahre geduldet waren, bekleidet werden mußten.« Auch
Klenze hat sich zu fügen. »So erhielt ich
plötzlich Befehl«, schreibt er, »im Königsbau allen klaßischen und mythologi-
schen Regeln zum Trotze, die zu den
Füßen des gefeßelten Prometheus kla-
genden Okeaniden des Aischylos mit
Hemd und Unterrock bekleiden, ja sogar die kleinen von der Hüfte an in
Laubwerk ausgehenden Victorien, welche in den Arabesken des Hofgarten-
ganges vorkommen, die bis dahin nackte
Brust, mit Drapperieen bedecken zu
laßen!«

Der Säuberungswelle entkommen
nur zwei Malereien, diejenigen im Herzog-Max-Palais an der Ludwigstraße
(Geburtshaus von Sissi) und im Schloß
Ismaning. Da das Münchner Haus
nicht mehr existiert, geben heute nur
noch die Motive in Ismaning Zeugnis
von dem damals verbotenen Genre. Zu

*Leichtgeschürzte Himmelsboten in den
Schloßsälen von Ismaning sind heute die einzi-
gen Repräsentanten eines einst äußerst beliebten
Genres.*

sehen sind dort unter anderem liebestolle Mänaden und halb-
nackte Victorien und Seejungfrauen.

Kontrolliert werden sogar die Gemälde der berühmten
Münchner Ausstellungen. Einmal herrscht der König Klenzes
Mitarbeiter Hiltensperger an, weil er ein Bild, das dieser für
die Eremitage angefertigt hatte, im Kunstverein präsentieren
will. Das Werk zeigt eine hübsche Göttin mit einem entblöß-
ten Rücken. Sie hat sich »errötend verweigert, sich nackt zu
zeigen«, wie sich Klenze ausdrückt. Erregt ruft Ludwig aus:
»Solche Nuditäten öffentlich ausstellen? Nein! das geht doch
nicht an.«

Ja, nicht einmal Kunstkenner dürfen die Gottheiten in ihrer
Blöße sehen. Klenze: »Der Archäologe Raoul-Rochette in Paris
wendete sich an mich, um zum Behufe einer gelehrten Unter-
suchung über die Pornographie des Alterthums Zeichnungen
mehrerer obsönen Gefäße in der münchner Sammlung zu er-

Göttliche Nixe! In München verfolgt und verschandelt, in Ismaning noch heute zu bewundern.

halten.« Doch Ludwig erteilt »eine entschiedene abschlägige Antwort, weil es doch nicht rathsam wäre, öffentlich bekannt zu machen, daß in München solche Dinge aufbewahrt würden!«

Auf der anderen Seite zeigt sich Klenze bestürzt über die zunehmenden Ausschweifungen des Wittelsbachers. Dieser befiehlt plötzlich hübsche Münchner Modelle zu sich und fordert sie zum Strip-tease auf. Als sich einmal ein Mädchen weigert, schickt er es zornig wieder weg. Einer anderen Schönheit schreibt er: »Heute Abend um acht Uhr, aber ohne Corset!«

Wie sehr er das Korsett für einen Fremdkörper am weiblichen Leib ansieht, zeigt sich auch bei der ersten Begegnung mit Lola Montez. Klenzes jüngster Sohn ist dabei, als sie ihre Erlebnisse erzählt. Zuerst, so plaudert Lola, wurde Ludwig anzüglich. »Hierauf habe eine Visite der oberen Körpertheile begonnen, welche weiter zu verfolgen das Corset verhindert habe.« Deswegen verlangte der Galan, »daß dieses Hinderniß entfernt werde, worauf M. Montez aber versicherte, das könne nicht sein, weil sie ohne Hülfe einer Kammerjungfer weder ablegen noch wieder anlegen könne«.

Seine 50. Geliebte ist Lola Montez, prahlt laut Klenzes Erinnerungen Kö-nig Ludwig. Das Scherzen und Schäkern eines Gottes mit seiner Angebete-ten in der antiken Mythologie (wie im Schloß Ismaning so sinnig darge-stellt) faßt der Wittelsbacher immer als Vorbild und -gabe des Schöpfers für Herrscher von Gottes Gnaden auf.

Nun versicherte der König, »daß er zu beidem behülflich zu sein alle nöthige Übung und Geschicklichkeit besitze« und macht sich sogleich ans Werk. »Ich habe aber eine Art«, so Lola, »die Schultern in einem Maße zusammenzuziehen, daß es unmöglich ist, mein Korsett zu öffnen, wenn ich es nicht will.« Doch auch jetzt wirft Schürzenjäger Ludwig die Flinte nicht ins Korn. Lola erzählt: »Als diese Anstrengungen des Monarchen der Toiletten-beschaffenheit von oben hinab auf den Grund zu kommen, miß-lungen waren, sei der entgegengesetzte Weg eingeschlagen wor-den -über die Kniebänder hinaus stets noch weiter und weiter!«

Weiter und weiter wächst auch das Mittelschiff des Kölner Doms in die Höhe. 1848 wird das letzte der fünf »Bayernfenster« fertig. Es zeigt die Steinigung des heiligen Stefan. Etwas abseits, so heißt es auf einem Flugblatt, schaut die hübsche Lola im leuchtend roten Kleid dem Terror zu. Im gleichen Jahr werfen die Münchner mit Steinen die Residenzfenster ein und zwingen ihren König zum Ende seiner Herrschaft.

Das letzte Domfenster in Köln, das Ludwig stiftet, wird 1848 fertig. Rechts Lola Montez im roten Kleid der Liebe.

Der Architekt verzweifelt am Hause Wittelsbach

Wegen der Feindschaft zwischen Ludwig I. und seinem
Sohn Maximilian ist das Schicksal von Propyläen,
Befreiungshalle, Bavaria und Ruhmeshalle lange ungewiß

Ein scharfer Wind weht Ludwig nach der Abdankung am
19./20. März 1848 ins Gesicht. Sein Sohn und Nachfolger Maximilian II. verweigert ihm den Paß, so daß er nicht zu der in die
Schweiz geflohenen Lola Montez reisen kann. Vor allem aber hat
er nicht mehr das Geld für seine Bauleidenschaft. Und gerade
das schmerzt Klenze, dem Ludwig nach dem Tod Gärtners
(1847) wieder Girlanden wand.
  Sofort nach dem Machtwechsel, so berichtet der Architekt,
erlebt er im Hause Wittelsbach ein bodenloses Gezänk. Ein
Glück für Ludwig, daß ihm in der »Thron-Entsagungsakte« einige Privilegien zugestanden wurden. Danach hat sich Maximilian verpflichtet, »die begonnenen Malereien Hiltenspergers
und Schnorrs in den sogenannten Odyßen- und Niebelun-
gensälen, auch die begonnenen Bauten der bayrischen Ruhmeshalle, des Siegesthors am Ende der Ludwigstraße und die
innere Ausschmückung des Domes von Speyer zu vollenden«.
Die Befreiungshalle bei Kelheim und die Propyläen, so erklärt
Ludwig seinem Architekten, seien nicht in dem Katalog enthal-
ten, »müßen also aufgegeben werden, so leid es ihm auch thäte«.
Unverzüglich werden die Maurer an beiden Baustellen entlas-
sen.
  Bald jedoch soll wieder alles ins rechte Lot kommen. Klenze
staunt nicht schlecht, als er die Mitteilung erhält, für die Propyläen seien Gelder vorhanden. Eines Tages, so berichtet Klenze
weiter, »schickte der König Ludwig ganz früh Morgens zu mir
und ließ mir sagen, augenblicklich und so wie ich auch angeklei-
det sein möchte, zu ihm zu kommen.« Kurz nach der Anmel-
dung »lief er mir schon bis in das erste Vorzimmer entgegen, faß-
te mich bei den Schultern, sprang wie ein Beseßener herum und
rief einmal über das Andere aus: Klenze, mein lieber Klenze!
Nein! Nein! Ich brauche es nicht aufzugeben.« Der so Angesprochene weiß überhaupt nicht, um was es geht. Da fährt Ludwig in
seinem Enthusiasmus fort: »Sehen Sie! Ich habe gerechnet und
gerechnet und heute morgen einen Augenblick, ehe ich Sie rufen

Die Bavaria gilt als das Meister-werk der Erzgieße-rei im 19. Jahr-hundert. Unser Bild zeigt den Transport des Kopfes zur Theresienwiese.

Festzug zur Enthüllung der Bavaria.

ließ, gefunden, daß ich meine liebe Befreiungshalle dennoch
fortbauen kann, wenn Sie nur noch einige Modifikationen in der
Ausführungsart eintreten laßen können.«

Der jetzt 64jährige Klenze hat also noch ein großes Pensum
zu absolvieren. Dazu kommt noch die Ausgestaltung des Kaiser-
saales im Ismaninger Schloß. Sie bestellt und bezahlt Herzog
Max von Leuchtenberg, der Mann von Marie Auguste, der
schönen Russin von Petersburg. In diesem Schloß wohnt Auguste Amalie, Mutter von Max und Schwester Ludwigs. Viele der
Motive (Sphingen, Musikinstrumente, Ornamente, Masken,
Blumen usw) gleichen denen in der Eremitage aufs Haar.

Als erstes der nachrevolutionären Königsbauten wird dann
das Ensemble Bavaria/Ruhmeshalle fertig. Schon in der Kronprinzenzeit Ludwigs hat sich Klenze mit der Bavaria befaßt. Damals war eine weibliche Figur geplant, »welche einer Herme den
ersten Kranz aufsetzt«. Als 1850 dann endlich die Bavaria eingeweiht werden kann, arrangieren die Münchner »ein großes Bür-
ger- und Künstlerfest als Ovation für den König Ludwig«. Sein
Sohn und Nachfolger Maximilian hätte diese Feier am liebsten
verboten. Zornig sagt er zu Klenze, nach der Vollendung der

Der Kaisersaal im Schloß Ismaning ist heute der einzige noch erhaltene Raum Klenzes in München und Umgebung. Er wird um 1848 fertig und wiederholt im kleinen Stil die üppige Ausstattung der Eremitage.

noch nicht ganz fertigen Ruhmeshalle gebe er ein Fest, »deßen Held nicht der abgedankte, sondern der regierende König von Bayern sein würde«. Dieser Neid wird vom Schöpfer der Bavaria bissig kommentiert. »Dem König Ludwig traten vor Rührung die Thränen in die Augen und ich glaube, in ganz München war nur ein Unzufriedener und Mißvergnügter.«

Ein Dorn im Auge sind Maximilian auch die Propyläen und Befreiungshalle, die er einen »unbegreiflichen Gedanken« nennt. »Für einen König höchst unpolitisch«, konstatiert Klenze. »Dabei wiederholte er die bestimmteste Versicherung, nie und unter keiner Bedingung irgendetwas für die Vollendung oder die Erhaltung aller Anlagen und Sammlungen seines Vaters thun zu wollen und zu können.« Und weiter: »Meinetwegen mögen sie als Ruinen liegen bleiben und zu Ruinen zerfallen, ich thue und gebe nichts, gar nichts dafür.« Als Klenze meint, die Kosten der Propyläen könnte die Residenzstadt übernehmen, antwortet Maximilian II. verärgert: »So? Dazu wäre doch wohl erst meine Erlaubniß nöthig und die werde ich nicht geben.«

Die Befreiungshalle über Kelheim wird als letztes Werk Klenzes 1863 fertig.

Eines Tages bittet Klenze den neuen König, die weltweit einzigartigen Kunstsammlungen, die »Bayern und seine Hauptstadt so großen Ruhm, so bedeutende materielle Vortheile gebracht hätten und noch stets bringen würden«, nicht verkommen zu lassen. Daraufhin meint der König erregt: »Was habe ich davon?« Und auf die Frage, was aus diesen Sammlungen denn dann werden solle, kommt die Antwort: »Das ist mir vollkommen gleichgültig, man soll sie verkaufen, versteigern, verschenken, ich will nun einmal Nichts davon wißen. Ich denke an meine Schöpfungen.«

Diese Äußerungen macht ein gesundheitlich schwer angeschlagener König. Er hat sich nach übereinstimmenden Berichten in seiner Jugendzeit ein Unterleibsleiden zugezogen, das zu vielen Spekulationen Anlaß gibt.

Ist »Märchenkönig« Ludwig II. kein Wittelsbacher?

Ein ärztlicher Befund, Schmiergelder, der Mord am Kronzeugen und eine Bestätigung der Jugendsünden Maximilians II. ergänzen den bisherigen Forschungsstand

Als 1848 der 62jährige Ludwig auf den Druck der Straße hin abdankt, übernimmt ein kranker Mann die Regierung: sein ältester Sohn Maximilian II. (37). Dieser dritte Bayernkönig ist zudem erpreßbar, schreibt Klenze. Dann ergeht sich der Memoirenschreiber allerdings mehr in Andeutungen als klaren Aussagen. Das Thema ist nämlich ein äußerst heikles für die Wittelsbacher (auch heute noch). Folgendes gilt inzwischen als gesichert: Der neue Monarch hat sich auf einer Kavalierstour ein verhängnisvolles Unterleibsleiden zugezogen. Man hört daraufhin im Königreich Stimmen, wonach der mit Marie von Preußen verheiratete König wegen dieser Krankheit nicht der Vater der beiden Prinzen Ludwig (späterer »Märchenkönig« Ludwig II.) und Otto sein kann. Dieses sagt so sehr deutlich auch König Ludwig III. 60 Jahre später an seinem Stammtisch zu Oskar von Miller.

In seinen Erinnerungen zitiert nun Klenze zunächst den Hofmedikus Herz, der schon in den frühen 40er Jahren mit einer bitteren Pille aufwartet und diagnostiziert, »daß wol alle Kinder des Königs (gemeint ist Ludwig I.) unfruchtbar bleiben würden«. Der Wittelsbacher, den die Kinderlosigkeit seines Sohnes Otto (von Griechenland) tief trifft, glaubt nun fest, »daß die Schuld jener unseeligen Unfruchtbarkeit nicht seiner Succession zugeschrieben werden dürfe«. Klenze spricht in diesem Zusammenhang nur von »unhaltbaren Illusionen«.

Als sich dann immer mehr andeutet, daß die Wittelsbacher die griechische Krone wegen fehlender Erben verlieren werden, versucht König Maximilian II., wie in den Klenze-Memoiren zu lesen ist, seine Familie ins Spiel zu bringen. Der 1845 geborene Ludwig ist der bayerische Thronfolger (und nachmalige Ludwig II.), scheidet also aus. Otto (Jahrgang 1848) könnte aber die Residenz in Athen beziehen. Um nun ganz sicher zu gehen, so schreibt Klenze, bräuchte man noch mehr Nachwuchs. So sucht man »bei den Ärtzten Rath und Hülfe, um die Zahl dieser Söhne, welche jetzt bei nur 2 Prinzen, etwas klein schiene, zu vermehren.« Jeder weiß, an der Königin Marie liegt es nicht. Doch es wird am Hof getuschelt. Nicht umsonst erklärt Klenze: »Es ist dieser Wunsch so glaubwürdig, daß ich nicht anstehe, denselben hier anzuführen, da ich keinen Grund habe, seine Richtigkeit zu bezweifeln.«

Die späteren Tagebucheinträge des Architekten sprechen nun wieder eine ganz andere Sprache. Irgendetwas stimmt nicht. Vor allem fragt sich Klenze, warum Maximilian II. seinen Vertrauensmann, den im Volk so verhaßten Franz Wilhelm Dönniges (34) aus Stettin, nicht entläßt. Es müssen, so schließt der Architekt, »okulte Verhältniße und Verknüpfungen« bestehen, die den kranken König in seiner Entscheidung fesseln. Und der Memoirenschreiber fährt fort: »Außer Liebes- und Affectionsverhältnißen müßten auch noch wohl andere bestanden haben.«

Ludwig II., heute weltweit als »Märchenkönig« bekannt, auf einer Bürgermeistermedaille (Schloßmuseum Ismaning).

Was meint er mit diesen »Liebes- und Affectionsverhältnißen«? Spielt er damit auf die Fama an, daß ein fremder Mann der trunken gemachten Ehefrau Maximilians II. zur Mutterschaft verholfen habe? Offensichtlich wissen Dönniges und der Kammerdiener Tambosi Bescheid. Klenze erfährt nämlich zufällig von Schmiergeldern. Er findet »von dem Jahre 1848 an, wo König Max den Thron bestieg, regelmäßig alle Monathe eine Ausgabe von 1000 Gulden«. Der Titel lautet lapidar: »An H.R. Dönniges für geheime Zwecke.«

Gleichzeitig erhält nun Klenze »Mittheilungen über die Ursache der Kränklichkeit des Königs von einem seiner früheren Bediendten«. Doch dieser Kronzeuge wird schnell zum Schweigen gebracht. Von einem Wildschützen, der ihn niederstreckt! »Ich will diese Details hier nicht wiederholen«, erzählt der Architekt dann weiter, »sie gehören einer Jugendepoche des Königs an.« Alles klar, der Autor bestätigt in diesem Falle die alten Vermutungen.

Doch jetzt kommt doch eine überraschende Aussage. Klenze schreibt, diese »Details« beweisen die Richtigkeit eines oft wiederholten Zitats des Königs Maximilian II. Es betrifft den aus

*Das Königspaar
Marie und
Maximilian
führen eine außer-
gewöhnliche Ehe.
Schuld daran soll
eine schwere
Unterleibs-
erkrankung des
Monarchen sein.*

»Welschtyrol« stammenden Kammerdiener und lautet: »Ich weiß sehr wohl, daß Tambosi der schlechteste Kerl in meinem Staate ist, aber ich kann ihn gar zu gut brauchen.«

Der Autor schreibt nun dazu: »Ob aber ein solches Thun zum Guten führt, lasse sich dahin gestellt sein.« Ludwig, der die ganze Misere kennt, zeigt sich über solche Äußerungen aber entsetzt. Zu Klenze sagt er nämlich einmal über seinen Sohn Maximilian: »Ja, aber warum ist er denn so kränklich, war er doch ein so kräftiges, schönes, gesundes Kind. Sehen Sie nur selbst, fügte er mehreremale hinzu, indem er mir das auf einen Stockknopfe gemalte Bild seines Erstgeborenen zeigte, sehen Sie nur, welches Bild der Gesundheit!«

Andeutungen und Aussagen Klenzes lassen also auf eine Manipulation größeren Formats in der Königsfamilie schließen und passen in den bisherigen Forschungsstand. Mehr nicht! Und so wird erst ein Gentest in späteren Zeiten eindeutig klären, wer des »Märchenkönigs« Vater wirklich ist. Eines aber scheint sicher: Die schwere Krankheit des Königs Maximilian II. führt zu seinem frühen Tod. Die Kreise werden enger. Das spürt auch Klenze.

Klassizismus und Königliche Hoheiten verabschieden sich

Maximilian II. sucht einen neuen Baustil und sein Vater Ludwig einen von der katholischen Kirche tolerierten Begräbnisplatz für sich und seine Frau Therese

Den Lebensabend Klenzes verdunkeln viele schlaflose Nächte. Dauernd, so berichtet er, nerven ihn König Maximilian II. und seine »fieberhafte Ruhmsucht«. Dazu soll er ständig zwischen ihm und dem Vater Ludwig vermitteln. 1851 stirbt in Venedig einer seiner drei Söhne. Drei Jahre später trauert Bayern um Königin Therese, die 62 Jahre alt wurde und die Ludwig so schlecht behandelte.

Immer wieder kommt Klenze auf die schier endlos langen Diskussionen mit Maximilian II. zurück, der »eine neue, zeitgemäße, von allen Völkern anzunehmende Architektur« kreieren will. Sein Motto: »Aus allen Zeiten das Schönste auswählen.« Er weiß auch schon einen Namen für seine Idee: »Maximilianischer Stil«. Die Antwort Klenzes ist klar. Kein Architekt der Welt kann diesen Wunsch erfüllen.

Da der König diese Aussage in das Reich der Fabel verweist, rennt er dem Architekten weiter das Haus ein. Da wird dieser patzig und sagt kurz und bündig, daß er sich »dazu entschieden unfähig erachtet«. Klenze: »Hiemit war meine eigentlich architektonische Thätigkeit gegenüber des Königs Maximilian geschlossen.« Das heißt, er wird »nie mehr als Koch des bezeichneten architektonischen Sammelsuriums berufen, worüber ich im Verlaufe der Zeiten stets mehr Veranlaßung erhielt, herzlich froh zu sein.«

Das vom König gewünschte »architektonische Ragout« versucht nun Baurat Bürklein zu bereiten. Doch es mag dem neuen König nicht schmecken. Kaum sind nämlich die ersten zwei Häuser in der Maximilianstraße fertig (darunter das Hotel »Vier Jahreszeiten«), will »der König sie schon wieder ganz niederreißen oder wenigstens durch Abbruch eines Stockwerks, Vorbau von Bogengängen wesentlich verändern«. Sein Resümee: »Was bis jetzt in der Maximilianstraße gebaut, ist das abscheulichste, was ich kenne.«

Wie schön sind dagegen die Bauten Ludwigs, der jetzt Klenze seinen letzten Auftrag erteilt! Der Wittelsbacher macht sich nämlich um sein und seiner Therese Grabmal Gedanken. »Als Platz dafür hat er eine Kapelle der von ihm erbauten Bonifazius Kirche ausersehen«, schreibt Klenze. Dieses von dem Regensburger Ziebland entworfene Gotteshaus gilt im 19. Jahrhundert wegen seiner üppigen Ausmalung als der schönste moderne Sakralbau in Deutschland. Klenze schlägt nun »einen Sarkophag nach dem Vorbilde der im Dome von Palermo befindlichen Grabmale der normannischen Herrscher« aus einem »schönen, reichgefärbten Marmor« vor. Ludwig will das aber nicht und legt Klenze ständig Steine in den Weg. Schließlich zwingt er ihn, auf Untersberger Marmor auszuweichen.

Doch dann durchkreuzt die katholische Kirche die königlichen Pläne, berichtet Klenze. Therese war evangelisch, ergo hat ein mit ihrem Namen ausgewiesener Sarkophag in St. Bonifaz nichts verloren. Als dies Ludwig von seinem Architekten erfährt, ist »er im höchsten Grade aufgebracht über die wortbrüchigen, undankbaren Pfaffen«. Er will nun »das Begräbnißprojekt in der Kirche ganz aufgeben und eine eigene Grabkapelle zu dem Zwecke gemeinschaftlichen Begräbnißes erbauen laßen«. Dazu Klenze: »Mit Mühe konnte ich ihm begreiflich machen, daß dieselbe Schwierigkeit in jedem katholisch eingeweihten Raume, worauf doch er, als ein so guter Katholik niemals Verzicht leisten wolle, sich wiederholen würde.« Kurzum, in die Sache wird sogar die Kurie in Rom eingeweiht. Und dort hat man die Eingebung, »den Sarg der Königin unter dem Kirchenboden in ein eigenes Grabgewölbe zu verschließen und darüber ein Marmordenkmal zu errichten.«

Kurz bevor Ludwig diesen Vorschlag des Vatikans absegnet, macht ihn Klenze aber darauf aufmerksam, daß auf keinen Fall eine »sichtbare Inschrift in der Kirche, das Begräbniß einer Akatholikin bezeichnen dürfe«. Ludwig wird jetzt wütend. Wieder geht die Sache nach Rom. Dort bietet man Ludwig schließlich einen unseligen Kompromiß

Leo Klenze hinterläßt Memoiren, die voller Überraschungen sind und der bayerischen Geschichtsschreibung neue Impulse geben werden. Das Altersbild zeigt einen Mann, der noch heute weltweit zu den Ersten seines Faches gehört.

St. Bonifaz ist die Grabeskirche König Ludwigs I. Da seine Frau evange-
lisch war, wird sie im Keller zur letzten Ruhe gebettet. Das Gotteshaus gilt
im 19. Jahrhundert als die schönste moderne Kirche Deutschlands.

an. Über dem im Keller deponierten Sarg der Königin soll sich
»ein Sarkophag als zukünftiges Grabdenkmal für ihn selbst« er-
heben. Mit Engelszungen redet nun Klenze auf Ludwig ein, der
Kurie zu folgen. Der Wittelsbacher schimpft noch etwas »über
der Pfaffen Hartnäckigkeit« und stellt dann bei einem Spazier-
gang auf dem Karolinenplatz dem Architekten die Frage: »Also
grade über dem Sarge der Königin würde der meine zu stehen
kommen?« Als Klenze bejaht, heitert sich »das verdrüßliche Gesicht« seines hohen Gesprächspartners auf. Ludwig antwortet:
»Nun, dann bin ich mit dem Vorschlage einverstanden, denn das
ist grade die paßliche Lage für Mann und Frau!« Wegen dieser
»unbegreiflichen Äußerung« würde sich der Architekt am liebsten in ein Schneckenhaus verkriechen.

Doch noch harren zwei große Bauwerke ihrer Vollendung:
Befreiungshalle und Propyläen. Der letzte Bau am Königsplatz
kann 1862 eingeweiht werden, just in dem Jahr, in dem Ludwigs

Ludwig I., der 1868 zu Grabe getragen wird, hat mit seinen Bauten und Sammlungen München zur Weltstadt gemacht. Vorbei an den Propyläen wird sein Leichnam nach St. Bonifaz überführt. Er hatte keine Ahnung von Klenzes Memoiren.

Sohn Otto vom griechischen Thron gestoßen wird. Der Rundtempel über Kelheim wird schließlich 1863 fertig.

Fünf Jahre sind jetzt Ludwig noch vergönnt. Am 29. Februar 1868 verkünden die Münchner Glocken sein Ableben. Ein prunkvoller Trauerzug bewegt sich vorbei an den Bauten des Toten nach St. Bonifaz, wo das Ewige Licht nur ihm oben und nicht seiner Frau unter ihm leuchtet. Ludwig wurde 82 Jahre alt und hat seinen Sohn Maximilian II. um vier Jahre überlebt – ebenso lang übrigens auch seinen Architekten Klenze, dem wir diese überraschend frischen Memoiren verdanken.

Kurzbiographien

Leo Klenze

1784, 28. Februar: Geboren in Schladen bei Goslar als Sohn eines Gutsbesitzers und einer Arzttochter. Eintrag im Taufregister der katholischen Pfarre: »28. natus est Filius legitimus Franciscus Leopoldus Carolus Klenze«.

1798-1803: Schule und Studium in Braunschweig und Berlin. Reise nach Paris und Genua.

1803/1806: Studium in Paris.

1806/1807: Italienreise (Rom, Neapel).

1808/1813: Hofbaumeister in Kassel.

1813: Reise nach Paris, Liebesabenteuer mit der hübschen 23jährigen Felicitas Blangini, deren Vater aus Turin und deren Mutter aus Paris stammt. Nachdem die junge Frau schwanger geworden war, heiratet er sie.

1814: Geburt des Sohnes Hippolyt und Treffen mit dem bayerischen Kronprinzen Ludwig in München.

1815: Ruf nach München zum Privatarchitekten des Kronprinzen. Relativ hohes Jahresgehalt von 24 000 Gulden.

1816: Anfang des Jahres Übersiedlung in die Bayernmetropole. Erste Arbeiten an Glyptothek und Leuchtenbergpalais, Kunstagent Ludwigs in Paris. Beginn mit den »Memorabilien«, heute eine der bedeutendsten bayerischen Geschichtsquellen des 19. Jahrhunderts (derzeit von Florian Hufnagl für den Druck vorbereitet).

1818: Reise mit Ludwig nach Italien und dann allein nach Speyer (Plädoyer für die Rettung des dortigen Doms).

1818/1822: Pläne für Häuser der Ludwig- und Briennerstraße.

1823/1824: Aufenthalt mit Ludwig in Italien, der ihm seine Mätresse Marianna Florenzi vorstellt.

1825: Tod König Max I. Joseph, Thronbesteigung Ludwigs I., Klenze wird Königlicher Baurat. In den folgenden Jahren Pläne für Odeon, Hofgartenarkaden, Königsbau der Residenz, Alte Pinakothek, Allerheiligen-Hofkirche und mehrere Reisen nach Italien. Geburt des Sohnes Louis.

1826: Aufenthalt in Venedig. Goethe lobt Klenze: »Lassen Sie mich Ihnen Glück wünschen, daß Sie die herrliche Kunst, zu welcher Ihre Natur Sie hinzog, dergestalt auszuüben Gelegenheit finden, daß durch Sie das Ungemeine geschieht.«

1827: Klenze in Florenz und Genua und auf Elba.

1828: Bau des prächtigen Herzog-Max-Palais an der Ludwigstraße (Geburtshaus der Kaiserin Elisabeth).

1830: Baubeginn der Walhalla. Intensives Studium der antiken Kunstwerke in Pompeji und Herculaneum. Klenze nimmt die nackten Göttinnen und Grazien in sein Malprogramm auf.

1832: Arbeiten am Festsaalbau der Residenz.

1833: Obelisk am Karolinenplatz, Monopteros im Englischen Garten. Klenze wird geadelt.

1834: Griechenlandreise und anschließendes Mißtrauen Ludwigs (Beginn des Aufstiegs Friedrich Gärtners).

1836: Reise nach Paris und London. Bau der Hauptpost am Max-Joseph-Platz. Klenze überrascht Ludwig I. und dessen Mätresse Marie von Pflummern in Bad Kissingen. Klenzes Kompagnon, Jean Baptist Metivier, stattet den Blauen Saal im Schloß Ismaning aus, das der Schwester Ludwigs I., Auguste Amalie, gehört (letzte Reste der Imitation freizügiger pomejanischer Fresken in Deutschland).

1837: Ferien am Lago Maggiore.

1838: Klenze wird Mitglied des Historischen Vereins für Oberbayern.

1839: Erste Reise nach St. Petersburg, Auftrag für Eremitage durch Zar Nikolaus I. In den folgenden Jahren noch fünf Rußlandreisen, einmal Besuch der Großfürstin Marie Auguste in Sergiefsky.

1841: Wieder in Venedig.

1842: Glanzvolle Einweihung der Walhalla und anschließendes Galadiner am Hof des Fürsten Thurn und Taxis.

1843: Bau der Ruhmeshalle über der Theresienwiese.

1844: Tod seiner Frau Felicitas.

1845: Reisen nach Wien, Budapest, Genua, Pisa, Florenz und Rom.

1846: Sommeraufenthalt in Paris. Beginn mit Bau der Propyläen, erstes Auftreten der Lola Montez, die für Klenze eine »listige Hure« ist.

1847: Tod seines Erzrivalen Friedrich Gärtner, dadurch Rehablitierung durch Ludwig. In Klenzes Büro wird an der Ausstattung des Kaisersaals im Schloß Ismaning gearbeitet.

1848: Ludwig I. dankt zugunsten seines Sohnes Maximilians II. ab. Danach fährt Klenze nach Venedig und Udine. Die Ereignisse der Jahre 1847/48 schildert Klenze ausführlich in seinen »Memorablien«. Danach sagt Ludwig I. zur Zeit der Unruhen: »Ehe ich nachgebe, laße ich mich in Stücken hauen und mein ganzes Königreich in Flammen aufgehen.« Als ihn die Bischöfe tadeln, gibt Ludwig seine Intimsphäre preis. Dazu Klenze: »Er zögerte nicht, die Decke des königlichen Ehebettes vor aller Welt hinweg zureißen und dem ganzen Publikum zu zeigen, was darin seit 4-5 Monathen geschah und nicht geschah.« Schließlich liefert Klenze eine exzellente Analyse der Ursachen der Revolution. Dabei bezieht er Innenminister Abel genauso mit ein wie Lola Montez: »Es ist keinem Zweifel unterworfen, daß hiebei auch fremde Einwirkungen und fremdes Geld thätig waren, aber sie hätten keinen Anhaltspunkt, keine Sympathien gefunden, wenn nicht die seit Jahren gesteigerte Unzufriedenheit mit dem durch Abel vertretenen pfäffischen Lügensysteme, und machiavellistischer Verdrehung beschworener Regierungsinstitutionen, und die allgemeine Indignation, seit 15 Monathen durch die Launen und Umtriebe einer Bordellpriesterin beherrscht zu werden, die fast unerschütterliche Ruheliebe und Beherrschbarkeit der Bayern erschüttert, und sie aus guvernementalen Lämmern zu wilden Wölfen gemacht hätte.«

1849: Reise nach Genua, Florenz und Mailand. Übernahme der Befreiungshalle.

1850: Feierliche Enthüllung der Bavaria.

1851: Klenze in Venedig und London.

1852: Aufenthalt in Paris, letzte Reise nach Rußland.

1853: Besuch Londons, Fertigstellung der Ruhmeshalle. Dionysos-Kirche in Athen, teilweiser Rücktritt von seinem Amt.

1854: Reise nach Genua und Florenz.

1859: Offizieller Ruhestand.

1860: Klenze in Nizza.

1862: Errichtung des Ludwig-Denkmals auf dem Odeonsplatz. Fertigstellung der Propyläen.

1863: Vollendung der Befreiungshalle. Im Herbst Klenzes letzte Reise: nach Nizza, wo knapp fünf Jahre später sein großer Auftrager Ludwig stirbt.

1864, 27. Januar: Tod in München. Begräbnis auf dem Südlichen Friedhof (Grabstätte existiert noch heute). Mit Klenze stirbt einer der großen Architekten des 19. Jahrhunderts. So sehr er sich (meistens mit Recht) über Ludwig I. beschwerte, so sehr hat er ihm auch seine Weltgeltung zu verdanken. Aber auch das steht fest: Die Weltstadt München ist ohne ihn undenkbar.

König Ludwig I.

1786, 25. August: Geburt Ludwigs als Sohn des nachmaligen Bayernkönigs Max I. Joseph und seiner ersten Frau Wilhelmine (»engelhafte Prinzessin von der Pfalz«) in Straßburg.

1796: Tod seiner Mutter.

1799: Übersiedlung nach München, wo Vater Max als Kurfürst die Nachfolge des gehaßten Karl Theodor antritt.

1803: Ludwig wird Schüler des Theologen Johann Michael Sailer an der Universität Landshut, dessen Maxime lautet: »Die Sirene Lust ist nie verführerischer, als wenn sie in Gestalt des Arztes erscheint. Ihr Rezept ist Sünde, ihre Arznei Tod, und ihr Lustgesang ein Leichenleid.«

1806: Bayern wird Königreich von Napoleons Gnaden, Ludwig somit bayerischer Kronprinz. In Paris erste nachweisbare Liebschaft Ludwigs (Marguerite George-Weimar). Ludwigs Schwester Auguste Amalie heiratet den Stiefsohn Napoleons, Eugen Beauharnais.

1807: Ludwig an die bayerischen Soldaten: »Zufrieden mit euch ist der große Kaiser Napoleon.«

1809: Als Offizier führt er in der Schlacht von Abensberg eine der beiden bayerischen Divisionen. Bettina von Arnim an Goethe: »Vom Kronprinz weiß ich Gutes, er hat mit den Gefangenen, die man hart behandelte und hungern ließ, zu Mittag gegessen.«

1810: Ludwig heiratet in München die 18jährige Prinzessin Therese von Sachsen-Hildburghausen (erstes Oktoberfest). In der Hochzeitsnacht läßt er seine junge Frau allein.

1811: Geburt des nachmaligen Königs Maximilian II. (erstes von neun Kindern).

1814: Erstes Zusammentreffen mit Leo Klenze.

1815: Geburt des Sohnes Otto, des nachmaligen Königs von Griechenland.

1816: Wilhelm Humboldt über Therese: »Eine der hübschesten Fürstinnen, die ich je gesehen habe.«

1817: Ludwig veranlaßt den Sturz des Ministers Montgelas, des Schöpfers des modernen bayerischen Staates.

1818: In betrunkenem Zustand beleidigt Ludwig in einer römischen Weinkneipe französische und preußische Gäste.

1821: Geburt des nachmaligen Prinzregenten Luitpold. In Rom lernt Ludwig seine langjährige Mätresse Marianna Florenzi kennen.

1823: Ludwig erklärt, er werde immer mit einer Geliebten zusammenleben.

1825: Tod des Vaters und Übernahme der Regierung. Ludwigs Devise: »Bei mir müssen die Minister tun, was ich befehle.« In seiner Amtszeit baut Ludwig seine Hauptstadt München zur Weltstadt auf.

1827: Ludwigs Hofmaler Stieler vollendet das erste Damenporträt für die Schönheitengalerie. Schmeller beginnt mit dem ersten deutschen Wörterbuch, das sich wissenschaftlich mit dem Sprachgut eines deutschen Stammes befaßt.

1828: Bayern und Württemberg gründen den ersten deutschen Zollverein.

1829: Bayern und Österreich schließen den heute ältesten noch geltenden Staatsvertrag Europas, einen Salinenvertrag. Ludwigs erster Gedichtband erscheint. Darin die Hymne an eine Mätresse: »Mein erster Gedanke,/Mein letzter Gedanke,/Geliebte, bist du...« Warnung an Ludwig in einem in Augsburg veröffentlichten Gedicht: »Schmeicheleien, süße Frauengunst,/Sie zersteuben rasch.«

1830: Eröffnung der Glyptothek (eine der edelsten Antikensammlungen nördlich der Alpen). Ludwig erläßt die heute älteste Denkmalschutzverordnung Deutschlands. Die Juli-Revolution in Frankreich bewirkt einen Gesinnungswandel Ludwigs. Von jetzt an brutale Verfolgung jedes Andersdenkenden, scharfe Pressezensur, Abschaffung der Meinungsfreiheit. Dichter Ludwig Steub urteilt: »Zuerst der einzige Liberale in seinem Reich fuhr Ludwig I. bald wie ein Stoßgeier auf alle jene herab, die den Idealen treu geblieben.«

1831: Gabelsberger entwickelt als erster Deutscher eine kursive Kurzschrift, die sich an die Schreibschrift anlehnt und deren System die Welt erobern soll.

1832: In Bayern ist unter 113 Bewohnern einer Soldat, in Preußen lautet das Verhältins 1:76, in Rußland 1:51 und in Frankreich 1: 139.

1835: Erste deutsche Eisenbahn zwischen Nürnberg und Fürth. Ludwig genehmigt die Gründung der ersten privaten Aktienbank Deutschlands (Hypo).

1836: Fertigstellung der Alten Pinakothek (einer der bedeutendsten Gemäldegalerien der Erde). Ludwig gibt den Startschuß zu den Arbeiten am Rhein-Main-Donau-Kanal. Steinheil installiert zwischen Bogenhausen und München den ersten Schreibtelegraphen. Ludwig süffisant zum Erfinder, vor 200 Jahren wäre man dafür als Hexe verbrannt worden.

1837: Ludwig regt in München den Anstoß zum Bau der ersten öffentlichen Turnhalle in Deutschland an.

1839: Steinheil baut in München die erste Kleinbildkamera der Welt.

1842: Eröffnung der Walhalla (das bedeutendste Bauwerk der Ludwig-Ära). Vollendung der Staatsbibliothek (eine der größten ihrer Art auf der Welt).

1844: Unruhen wegen Bier- und Brotpreiserhöhungen. Der preußische Gesandte berichtet nach Berlin: »Der König ist nach Italien abgereist, ohne den tieferen Grund jener Unruhen zu kennen.«

1846: Die Tänzerin Lola Montez kommt nach München. Der König behauptet, sie sei seine 50. Mätresse.

1847: Ludwigs provokativer Bruch mit seiner Frau Therese und dauernde Ehebrüche mit Lola Montez (von ihm selbst eingeräumt).

1848: Revolution in München, Flucht Lolas. Ludwig dankt ab. Sein Sohn Maximilian wird sein Nachfolger, der schließlich widerstrebend die Märzforderungen erfüllt. Maximilian verweigert seinem Vater den Paß, den er bräuchte, um zu Lola Montez reisen zu können.

1849: Ludwig schreibt an Lola: »Es würde mich schmerzen, wenn Du einen Liebhaber hättest.«

1850: Bei der Enthüllung der Bavaria feiert München den abgedankten König.

1854: Als letztes Opfer der Cholera stirbt in München Königin Therese.

1855: Ludwig hört aus Köln bösartige Ausfälle über die von ihm gestifteten Domfenster.

1861: Lola Montez stirbt in Amerika.

1862: Vollendung der Propyläen, Sturz König Ottos von Griechenland.

1864: König Maximilian II. stirbt, sein Nachfolger ist der »Märchenkönig« Ludwig II.

1868, 29. Februar: Tod in Nizza. Überführung nach München und Bestattung in St. Bonifaz über seiner Frau Therese. Sarkophag überdauert die Bomben des Zweiten Weltkrieges. Trotz seiner vielen Schwächen und Gemeinheiten verliert Bayern mit Ludwig I. einen der bedeutendsten Herrscher. Vom Oktoberfest und der Ludwigstraße bis zur Alten Pinakothek und dem Königsplatz hat er München und das heute wohlfeile Leben in München geprägt wie kein Regent vor und nach ihm.

Register

Dieses Werk ist als Artikelserie im Sommer 1998 in der Süddeutschen Zeitung erschienen. Die Photos stammen vom Verfasser. Aufgenommen wurden sie in Köln, Speyer, Wien, Paris, Petersburg, Neapel, Regensburg, Mannheim, München, Kelheim und Ismaning. Da sich dieses Werk fast ausschließlich auf die Klenze-Erinnerungen stützt, entfällt eine Bibliographie.

Der Verfasser dankt Florian Hufnagl (Neue Sammlung), Hermann Hauke, Sigrid von Moisy (beide Bayerische Staatsbibliothek), Winfried Schindler (Süddeutsche Zeitung).

Die meisten Gebäude Klenzes stehen (trotz teilweiser Zerstörung im Zweiten Weltkrieg) noch heute. Innendekorationen von ihm sind noch in Petersburg und Ismaning erhalten.

Ursprünglich waren fast alle Häuser der Ludwigstraße mit pompejanischen Malereien geschmückt. Sie wurden ebenso zerstört wie die Dekorationen im Königsbau der Residenz (inzwischen rekonstruiert).

Der Kaisersaal im Schloß Ismaning wurde 1847/48 von Klenzes Büro entworfen. Er ist heute zusammen mit dem Nachbarsaal (von Metivier) der letzte Originalraum großen Stils mit pompejanischen Malereien in Deutschland.

Im Schloßmuseum Ismaning erinnern heute einmalige Exponate an die Epoche des großen Architekten und Zeichners Klenze.

Rudolf Reiser hat in München und Wien Geschichte studiert und bei Karl Bosl promoviert. Von 1969-1997 war er Redakteur für Bildung und Wissenschaft bei der Süddeutschen Zeitung. Verfasser von 40 Büchern und zahlreichen wissenschaftlichen Aufsätzen mit den Schwerpunkten Bayerische Geschichte, Antike und Städtemonographien.